Poisson

François Arago

1854

© 2024, François Arago (domaine public)
Édition : BoD • Books on Demand GmbH,
In de Tarpen 42, 22848 Norderstedt (Allemagne)
Impression : Libri Plureos GmbH,
Friedensallee 273, 22763 Hamburg (Allemagne)
ISBN : 978-2-3225-5409-6
Dépôt légal : Octobre 2024

Poisson

Naissance de Poisson. — Sa jeunesse. — Son admission à l'École polytechnique. — Sa brillante carrière. — Nombreux emplois qu'il a remplis. — Son élection à l'Académie des sciences. — Division de ses travaux

Mémoire sur l'élimination

Des solutions particulières des équations différentielles

Calcul des variations

Courbure des surfaces

Calcul des probabilités

Travaux de Poisson sur la physique générale et la physique terrestre

Électricité

Magnétisme

Capillarité

Lois de l'équilibre des surfaces élastiques

Propagation du mouvement dans les fluides élastiques

Théorie de la chaleur

Invariabilité du jour sidéral

Libration

Mouvement de la lune autour de la terre

Invariabilité des grands axes

Réflexions sur le nombre des travaux de Poisson

Caractère de Poisson

Mort de Poisson

Poisson considéré comme homme public

Catalogue Des Travaux Laissés Par Poisson, rédigé par lui-même

Appendice. — Discours prononcé aux funérailles de Poisson

POISSON

BIOGRAPHIE LUE PAR EXTRAITS EN SÉANCE PUBLIQUE DE L'ACADÉMIE DES SCIENCES, LE 16 DÉCEMBRE 1850.

NAISSANCE DE POISSON. — SA JEUNESSE. — SON ADMISSION À L'ÉCOLE POLYTECHNIQUE. — SA BRILLANTE CARRIÈRE. — NOMBREUX EMPLOIS QU'IL A REMPLIS. — SON ÉLECTION À L'ACADÉMIE DES SCIENCES. — DIVISION DE SES TRAVAUX.

Siméon-Denis Poisson naquit à Pithiviers, département du Loiret, le 21 juin 1781, de Siméon Poisson et de mademoiselle Franchetère, sa femme. Le père, après avoir pris part comme simple soldat aux guerres du Hanovre, fit l'acquisition d'une petite place administrative ; il remplissait, dans la capitale du Gâtinais, des fonctions analogues à celles qui aujourd'hui sont dévolues aux juges de paix. Les aînés de Siméon-Denis étaient morts en bas âge. En 1781, les éloquentes prescriptions de Jean-Jacques Rousseau sur l'allaitement des enfants, si bien accueillies dans les villes, avaient à peine pénétré dans les campagnes. La mère de Poisson était d'ailleurs d'une santé très-délicate ; son jeune enfant fut donc confié à une nourrice habitant une maison isolée à quelque distance de Pithiviers. M. Poisson alla un jour visiter son fils ; la nourrice était aux champs ; impatient, il pénétra de force dans l'habitation, et vit, avec un douloureux étonnement, ce fils, objet de toutes ses espérances, suspendu par une petite corde à un clou fixé dans le mur. C'est ainsi que la campagnarde s'assurait que son nourrisson ne périrait pas sous la dent des animaux carnassiers et immondes qui circulaient dans la maison. Poisson, de qui je tiens cette anecdote, ne l'envisageait que par son côté plaisant : « Un effort gymnastique me portait incessamment, disait-il, de part et d'autre de la verticale ; c'est ainsi que, dès ma plus tendre enfance, je préludais aux travaux sur le pendule qui devaient tant m'occuper dans mon âge mûr. » Prenons la chose du côté sérieux, et félicitons nous que, par la création dans le plus humble village d'une crèche et d'une salle d'asile, la vie d'un enfant destiné à honorer son pays ne doive plus dépendre de la solidité d'un clou et de la ténacité de quelques brins de chanvre.

Poisson reçut les premiers éléments de lecture et d'écriture à Pithiviers même, sous la direction immédiate de son père ; sa famille se réunit un jour pour choisir la carrière qu'on lui ferait embrasser ; on pensa d'abord au notariat, mais on y renonça tout d'une voix, à cause de la contention d'esprit qu'il exigeait ; ainsi, par un jugement qui paraîtra aujourd'hui bien étrange, il fut décidé que l'homme qui devait pénétrer dans les régions les plus abstruses des mathématiques n'aurait pas une intelligence assez forte pour combiner les clauses d'un contrat. La chirurgie obtint la préférence sur le notariat, et Poisson alla s'installer auprès d'un oncle, M. Lenfant, qui exerçait cet art à Fontainebleau. Poisson racontait, avec une gaieté communicative, les essais infructueux qu'il fit dans cette nouvelle carrière. Pour l'exercer à la saignée, son oncle lui mettait dans les mains une lancette à l'aide de laquelle il lui demandait de piquer les nervures d'un feuille de chou. « Je ne réussissais jamais, disait Poisson, tant ma main était peu assurée, à toucher ces maudites nervures, tout apparentes qu'elles étaient, lorsque je les visais. J'étais plus heureux quelquefois lorsque je visais à côté. Mes insuccès ne décourageaient cependant pas mon bon oncle, qui m'aimait beaucoup et voulait me conserver auprès de lui. Une fois, il m'envoya avec un de mes camarades, M. Vanneau, actuellement établi aux colonies, poser un vésicatoire sur le bras d'un enfant ; le lendemain, quand je me présentai pour lever l'appareil, je trouvai l'enfant mort ; cet événement, fort commun, dit-on, fit sur moi l'impression la plus profonde, et je déclarai sur l'heure que je ne serais jamais ni médecin ni chirurgien. Rien ne put ébranler ma résolution, et l'on me renvoya à Pithiviers. »

Le père de Poisson, comme président du district, recevait régulièrement un exemplaire du *Journal de l'École polytechnique*. Son fils, grand amateur de lecture, trouva çà et là l'énoncé de diverses questions qu'il parvint à résoudre, quoique entièrement dépourvu alors de guide et de méthode. Cet exercice avait commencé à développer des talents mathématiques que la nature avait déposés en germe dans la vaste tête de celui qui devait devenir un jour une des illustrations de cette académie. Dans un de ses voyages à Fontainebleau, son camarade Vanneau lui parla de quelques problèmes qu'il avait entendu proposer à l'École centrale, de celui-ci, par exemple :

Quelqu'un a un vase de douze pintes plein de vin ; on veut faire un cadeau de six pintes ou de la moitié, mais on n'a pour mesurer ces six pintes que deux vases, l'un de huit, l'autre de cinq pintes. Comment doit-on s'y prendre pour mettre six pintes de vin dans le vase de huit pintes ?

Poisson résolut à l'instant cette question et d'autres dont on lui donna l'énoncé. Il venait de trouver sa véritable vocation.

Parmi les membres du corps enseignant à l'École centrale de Fontainebleau, il en était un que nous avons tous connu, M. Billy, qui se distinguait par les plus rares qualités. Doux, patient, bienveillant, il devenait bientôt l'ami des jeunes gens qui lui étaient confiés ; il jouissait de leurs succès avec une vivacité toute paternelle. Tel était l'excellent homme qui fut chargé de diriger les premiers pas de Poisson dans la carrière des sciences. M. Billy, qui n'avait embrassé jusqu'alors dans ses méditations que les mathématiques élémentaires et des sujets purement littéraires, ne tarda pas à reconnaître qu'il venait de trouver son maître, et il ne s'en montra pas jaloux, tout au contraire. Cette supériorité de l'élève sur le professeur en titre eut de très-heureuses conséquences. M. Billy se livra aux études mathématiques les plus sérieuses, afin de pouvoir rendre une justice éclairée aux inventions qui lui étaient confiées par son élève, et dont il désirait devenir le promoteur. Vous savez maintenant l'origine de cette amitié que MM. Poisson et Billy avaient l'un pour l'autre, et qui ne s'est jamais démentie ; cet attachement prit, dans les dernières années de la vie de l'ancien professeur, le caractère d'une véritable passion. Chacun de vous avait sans doute remarqué aux époques les plus brillantes de la carrière scientifique de Poisson, un homme de petite taille, à la chevelure noire, au teint basané, qui venait quelquefois de très-bonne heure dans la salle de nos séances pour retenir une place favorable sur les banquettes destinées au public ; les habitués ne manquaient jamais de dire sur ce seul indice : « Nous aurons aujourd'hui la bonne fortune d'une communication de Poisson. » Dès que le savant géomètre prenait la parole, l'ancien professeur de Fontainebleau, car c'était lui, écoutait dans le plus profond recueillement, les mains croisées sur les genoux, le corps penché en avant et les yeux fermés. La lecture terminée, M. Billy redressait la tête, son regard jetait des éclairs, et il allait se mêler à tous les groupes, où il recueillait avec bonheur les paroles louangeuses que le Mémoire avait excitées. Quelques années auparavant, M. Billy s'était écrié à Fontainebleau :

>Petit Poisson deviendra grand
>Pourvu que Dieu lui prête vie.

« Voyez, semblait-il dire, si ma prédiction s'est réalisée ! » Les personnes qui connaissaient M. Billy ne me blâmeront certainement pas de lui avoir consacré un souvenir ; celles qui ne le connaissaient pas trouveront peut-être cette digression hors de place ; je répondrai par une réflexion très-courte : la majorité des élèves de nos lycées et de nos grandes écoles ne montre pas aujourd'hui plus de considération pour ceux qui les ont guidés dans la carrière de l'intelligence que pour le fabricant qui a fourni à prix d'argent l'étoffe dont ils se couvrent ou pour l'artiste qui l'a façonnée ; nos salons, nos académies, nos assemblées politiques, retentissent journellement de discussions dans lesquelles les disciples traitent leurs vieux maîtres, sans égard, sans politesse, et même, car cela s'est vu, la menace à la bouche. C'est en méditant sur ces résultats affligeants, indices certains de l'abaissement, de la dégradation des mœurs publiques, que m'est venue la pensée de rappeler à vos souvenirs l'attachement exceptionnel dont le professeur et l'élève de Fontainebleau ont offert l'exemple touchant. Louer les bonnes actions et flétrir les mauvaises est un devoir sacré pour tous ceux que leurs fonctions appellent à l'honneur de parler en public.

C'est en se jouant que Poisson se rendit maître des matières indiquées dans le programme d'admission à l'École polytechnique ; il eût pu se présenter à seize ans ; sa constitution très-frêle et son état de santé firent retarder d'un an l'épreuve généralement si redoutée. On raconte que l'examinateur, M. Labbé, n'adressa à Poisson qu'une seule question ; l'élève de M. Billy, par des digressions habilement ménagées, parcourut hardiment toutes les parties de la science, et laissa les auditeurs et l'examinateur dans l'admiration.

Poisson, âgé de dix-sept ans, fut reçu le premier de sa promotion à la fin de 1798. On a dit qu'il vint à Paris en sabots ; le fait est inexact. L'insuffisance de fortune ne força jamais le père de Poisson à adopter pour lui ou pour sa famille la chaussure des paysans du Gâtinais. Voici la vérité : à l'époque en question, les modes ne se répandaient pas de la capitale à la province avec la rapidité de la pensée. Le premier élève de la promotion de 1798 se présenta à ses camarades coiffé d'un énorme chapeau à cornes très-mal retapé, dont notre confrère prétendait, dans un premier mouvement, qu'on ne trouverait plus aujourd'hui de modèle. « Je me trompe, disait Poisson en se reprenant, je vois tous les jours, non sans émotion, car les souvenirs de jeunesse me remuent profondément, mon chapeau phénoménal sur la tête de ces marchands ambulants qui parcourent à pas comptés les rues étroites de nos faubourgs, et font retentir l'air du nom des légumes à bon marché dont leur brouette est chargée. »

L'École polytechnique était alors exclusivement gouvernée par le conseil des professeurs ; ceux-ci ne tardèrent pas à s'apercevoir que le chef de la promotion de 1798 maniait le tire-ligne avec une grande maladresse ; ils le dispensèrent donc de tout travail graphique, présumant bien qu'il n'entrerait pas dans un service public, et que sa véritable carrière serait celle des sciences. Cette décision intelligente, qui, pour le dire en passant, n'a pas été imitée depuis que l'École est gouvernée en partie par de grosses épaulettes, permit à Poisson de se livrer sans distraction à ses recherches favorites. Poisson eut à Fontainebleau d'éclatants succès dans ses études littéraires aussi bien qu'en mathématiques. Il avait une véritable passion pour le théâtre ; ce délassement était dispendieux ; il se le procurait cependant, en se privant de dîner, le quintidi et le décadi. C'était l'art de bien dire qui conduisait Poisson au Théâtre-Français, car il savait par cœur Molière, Corneille, et surtout les tragédies de Racine.

J'avais pensé un moment devoir, à cette occasion, réfuter une imputation profondément blessante pour tous les membres de cette Académie, qu'un poëte illustre a laissé tout récemment échapper de sa plume. J'avais même déjà réuni les noms empruntés à l'antiquité grecque et latine, à l'Italie de la renaissance, à la Suisse, à l'Allemagne, à l'Angleterre, à la France, et qui eussent prouvé que les études scientifiques, loin d'émousser le sentiment et d'énerver l'imagination, les développent au contraire, et les fortifient. Mais j'ai bientôt renoncé à commencer cette croisade sans objet sérieux. Que dit, en effet, le poëte ? Il dit « qu'il est impossible de faire comprendre à un savant que la poésie n'est pas la rime. Il faut vraiment plaindre l'auteur de n'avoir trouvé sur sa route que des savants à qui il a fallu essayer de prouver que ses suaves mélodies n'étaient pas des bouts rimés. Je croirai, au reste, ne faire aucun tort à la généralité des savants qu'on traite avec tant de dédain, en avouant qu'ils prennent pour règle de leur poétique cette maxime d'un grand maître :

<blockquote>Rien n'est beau que le vrai.</blockquote>

Or, j'avoue ingénument que les savants ne croient pas que les formes plus ou moins heureuses du langage aient le déplorable privilége de transformer l'erreur en vérité. Le plus beau style, suivant eux, ne peut pas faire que la lumière des feux allumés par les pêcheurs napolitains, la nuit, près de leurs barques, se voie d'autant mieux qu'on la regarde de plus loin. Ils admirent la description poétique des courses d'un jeune amoureux, sans se croire obligés d'admettre que le lever de la lune précède toujours le lever du soleil du même nombre d'heures. Appuyés sur les décisions de la science, ils refusent de croire, malgré le charme de très-beaux vers, que les ossements fossiles qui meublent tous nos musées, soient des restes de squelettes humains. Enfin, lorsque le poëte, voulant dépeindre le retentissement de ses pas dans une galerie, s'écrie : « C'était sonore comme le vide ! » le lecteur fût-il très-peu savant, oublie les grâces du discours, pour se rappeler que le bourdon de Notre-Dame lui-même, mis en branle dans une chambre privée d'air, ne produirait pas plus de bruit que n'en font les astres en parcourant leurs orbites dans les profondeurs du firmament. Mais j'ai trop insisté peut-être sur ces aberrations regrettables d'un écrivain de génie, et je reprends mon récit. Poisson, qui s'était placé à la tête des candidats reçus à l'École en 1798, devenu élève, conserva son rang. Lagrange faisait alors un cours sur les *fonctions analytiques,* et il ne se passait presque pas de séance où il n'apprît soit par une note communiquée, soit par les réponses faites au tableau, qu'il y avait dans son auditoire un jeune homme qui trouvait le secret de jeter sur ses démonstrations une élégance et une clarté inattendues. Lagrange s'empressait de rendre une justice éclatante à ces tentatives ; et bientôt le bruit se répandit dans la capitale que l'École renfermait un jeune géomètre destiné à continuer ceux qui alors illustraient la France. Dans ce temps-là, l'apparition d'un talent hors ligne ne semblait à personne un événement ordinaire ; chacun s'empressait de l'attirer à lui, de l'entourer de sa protection, de l'encourager par des offres sincères de service. C'est ainsi que Poisson devint l'ami de Ducis le poëte, de Gérard le peintre, et de Talma le tragédien. Il fréquentait leurs salons et s'y faisait remarquer par ses manières enfantines, par sa gaieté, et par les grâces de son esprit. Poisson était aussi très-assidu aux réunions plus austères qui avaient lieu chez Destutt de Tracy, chez Cabanis et chez Lafayette.

L'avenir de Poisson était désormais assuré ; il devait en peu de temps occuper les emplois les plus honorables et les plus brillants. L'École polytechnique lui confia successivement les fonctions de répétiteur au commencement de 1800, celles de professeur suppléant en 1802, et enfin les fonctions de professeur titulaire en 1806, à la place de Fourier, qui, depuis son retour d'Égypte, était préfet du département de l'Isère. Le 24 août 1808, Poisson fut élu à une place d'astronome au Bureau des longitudes, laissée depuis longtemps vacante.

À la formation de la Faculté des sciences, en 1809, il fut chargé d'y professer la mécanique rationnelle.

Il devint examinateur de l'arme de l'artillerie, en remplacement de M. Legendre, démissionnaire, le 18 février 1812, et le 23 mars suivant, il fut nommé membre de l'Institut.

En 1815, le ministre de la guerre eut l'heureuse pensée de charger Poisson du soin d'examiner et de classer les élèves de l'École militaire de Saint-Cyr.

Lorsque, en 1816, Lacroix renonça aux fonctions d'examinateur de sortie de l'École polytechnique, Poisson fut appelé à le remplacer ; il a exercé ces fonctions jusqu'à sa mort.

Le 26 juillet 1820, notre confrère devint conseiller de l'Université.

Enfin, le 11 avril 1827, Poisson fut nommé géomètre du Bureau des longitudes, pour succéder à M. de Laplace, décédé récemment.

Ces divers emplois, remplis pour la plupart simultanément, et bien remplis, procurèrent à Poisson une grande aisance.

Le public a remarqué avec étonnement la date tardive de l'entrée à l'Institut de Poisson ; mais cet étonnement est-il bien fondé ? Oui ! si l'on considère le mérite du savant ; ouil si l'on songe que plusieurs de ses élèves furent admis avant lui ; mais le fait s'explique très-simplement, sans qu'on puisse en rien induire de défavorable aux sentiments de justice dont l'Académie ne s'est jamais départie, toutes les fois qu'il s'est agi d'hommes supérieurs. Le corps savant est divisé en sections de six membres chacune. Dans les nominations, on conservait jadis avec un soin scrupuleux la spécialité de ces divisions ; ainsi, un géomètre n'entrait presque jamais dans la section de physique, ni un astronome dans la section de mécanique, etc. Poisson avait sa place marquée dans la section de géométrie, et c'est à l'ordre fortuit suivant lequel la mort opéra les vacances qu'on doit seulement imputer la nomination si retardée de notre illustre confrère. Enfin, impatientée de voir un homme aussi éminent que Poisson hors de son sein, la majorité de l'Académie fit fléchir la rigueur des principes et le nomma dans la section de physique, où Poisson est resté jusqu'à sa mort.

Laplace, qui voua dès l'origine à Poisson les sentiments d'un père, contribua pour beaucoup à cette détermination, que les travaux ultérieurs de notre confrère sur tant de branches de la physique mathématique ont amplement justifiée.

Préoccupé par les difficultés que j'entrevois, je cherche, je m'en aperçois, je cherche des prétextes pour éloigner le moment où il me faudra définitivement présenter l'analyse des travaux scientifiques de Poisson. Une pareille analyse est une partie nécessaire de cette biographie. J'aborde donc sans plus tarder mon sujet ; si je ne réussis pas à me rendre toujours intelligible, on voudra bien me le pardonner, en songeant qu'il est souvent malaisé, presque impossible, de traduire en langage vulgaire les résultats contenus dans des combinaisons compliquées de symboles algébriques.

Les recherches de Poisson embrassent toutes les branches des mathématiques pures et appliquées ; ses Mémoires sont extrêmement nombreux ; si je voulais les mentionner tous, même en me bornant à citer les titres, je dépasserais de beaucoup les limites qui me sont tracées. J'ai tenu dans mes mains un tableau rédigé par Poisson lui-même de toutes ses productions ; trois cent quarante-neuf pièces y sont mentionnées ; si on y joint deux Mémoires posthumes, l'un *sur les corps cristallisés*, et l'autre *sur les apparences des corps lumineux en repos ou en mouvement*, le total se monte donc à trois cent cinquante et un, sans compter les ouvrages spéciaux. En faisant la part des double ou triple emplois, je veux dire les publications de la même pièce dans différents recueils, il reste encore, pour le contingent apporté par Poisson à la masse des connaissances humaines, près de trois cents écrits. Le public ne sera pas privé de ce précieux catalogue, je l'imprimerai à la suite de cette biographie. On imaginera facilement que, dans cette multitude de productions, tout n'a pas la même importance et la même nouveauté ; mais Poisson, à l'exemple d'Euler, n'approuvait pas le faux point d'honneur des géomètres qui refusent de publier certains Mémoires, de peur d'affaiblir la haute réputation qu'ils ont acquise par des travaux plus importants ; il croyait que tout ce qui est net, précis, et propre à élucider des points obscurs de la science, doit être soumis à l'appréciation du public par la voie de l'impression.

Dans l'analyse des travaux de l'illustre géomètre, je ne m'arrêterai guère que sur les points culminants, sans m'astreindre à suivre l'ordre des dates. Je les grouperai en travaux de pure analyse, en applications à des problèmes de physique et en recherches ayant pour objet les plus hautes questions d'astronomie.

1. ↑ Œuvre posthume.

MÉMOIRE SUR L'ÉLIMINATION.

Le premier travail important par lequel Poisson se soit fait connaître du public, est un très-court Mémoire sur *l'élimination*, qui se trouve inséré dans le onzième cahier du *Journal de l'École polytechnique*, publié en 1800. Ce Mémoire est signé simplement du citoyen Poisson ; ainsi, à cette époque, l'auteur n'avait aucun titre officiel. Le Mémoire sur l'élimination, comme le premier d'une si longue et si glorieuse série de travaux, doit à ce titre, et aussi à cause de l'élégance de la méthode, nous occuper ici quelques instants. Le désir de faire connaître cette production à tout le monde me met dans l'obligation de définir les termes dont j'aurai à faire usage.

On dit d'une quantité considérée isolément qu'elle est à sa *première puissance*. Lorsqu'on la multiplie par elle-même, le produit s'appelle la *seconde puissance* de cette quantité ; la seconde puissance, multipliée par la quantité primitive, donne sa *troisième puissance* ; la troisième puissance, multipliée encore une fois par la première quantité, engendre la *quatrième puissance*, et ainsi de suite : les nombres désignant les puissances successives d'une quantité s'appellent aussi *ses exposants*.

Ordinairement, les problèmes mathématiques ne définissent les quantités cherchées que par une série de conditions auxquelles elles doivent satisfaire. Ainsi, par exemple, il s'agit de trouver un nombre tel que, si on prend sa troisième puissance, si on retranche vingt-cinq fois la seconde, si on ajoute à la différence quarante fois la première, et si l'on retranche du résultat le nombre 50, le tout soit égal à zéro. Cette condition complexe, exprimée en abrégé à l'aide d'une lettre x, constitue ce qu'on appelle en algèbre une *équation*.

Des équations dans lesquelles se trouvent la troisième, la quatrième puissance d'une quantité x, etc., peuvent être respectivement satisfaites par trois ou par quatre nombres, etc.... jamais davantage. Quelquefois, aucun nombre ne satisfait aux conditions posées par l'équation ; le calcul, convenablement exécuté, ne tarde pas à l'indiquer ; il donne ce qu'on appelle des solutions, autrement dit des racines imaginaires.

À ces questions simples succèdent les problèmes plus compliqués dans lesquels il faut déterminer 2, 3, 4 inconnues définies aussi par des équations. De cette classe serait le problème suivant : trouver deux nombres tels que si de la sixième puissance du premier on retranche le produit de la cinquième puissance de ce premier nombre par la première puissance du second nombre, et si l'on retranche du tout 40, la somme doit être égale à zéro. Ce problème est de ceux que les mathématiciens appellent *indeterminés* : il y a, en effet, une série indéfinie de nombres qui satisfont, en général, aux conditions exprimées par une seule équation de cette espèce. Mais lorsque les conditions ou les équations auxquelles les quantités cherchées doivent satisfaire sont en nombre égal à celui de ces quantités, le problème n'a qu'un nombre déterminé de solutions. Pour les trouver, on cherche d'abord à déduire par des transformations des équations à deux, à trois, à quatre, etc… inconnues, une équation ne renfermant que l'une de ces inconnues, et qu'on appelle *l'équation finale* ; cette équation finale fait connaître, en tant qu'il s'agit de l'inconnue qu'elle renferme, de combien de solutions le problème est susceptible. Or, le nombre de solutions d'une équation à une seule inconnue n'est jamais, comme nous l'avons dit, plus grand que le nombre représentant le plus haut degré de l'équation ; on conçoit, dès lors, tout l'intérêt qu'il y a de connaître à *priori* cette plus haute puissance.

Le théorème dont il va être question ne s'appliquant qu'aux équations complètes à deux, trois, quatre, etc… inconnues, nous devons donner la définition de ce terme : on appelle équations complètes du degré m celles qui renferment tous les termes dans lesquels la somme des exposants des inconnues ne surpasse pas ce degré m. Nous pouvons dire maintenant que c'est à la recherche du degré de l'équation finale résultant de l'élimination de toutes les inconnues moins une entre des équations complètes dont les degrés seraient m, n, p, etc., qu'un des géomètres de notre Académie, Bezout, consacra un ouvrage intitulé : *Théorie générale des équations algébriques*, publié en 1779, deux ans avant la naissance de Poisson. Cet ouvrage est très-étendu ; il forme un volume in-4° de 469 pages ; la première partie, consacrée à la recherche du degré de l'équation finale, a plus de 140 pages ; en bien, ce que Bezout établit si péniblement, Poisson le démontra en quatre pages. C'est à peine si quelques géomètres lisaient la *Théorie générale des équations*, et s'ils ne s'en rapportaient pas à l'auteur sur la vérité de ce théorème important : « le degré de l'équation finale, quand il s'agit d'équations complètes, est égal au produit des exposants *m, n, p,* etc..., qui déterminent les degrés de ces différentes équations. »

Le moyen de démonstration de Poisson, convenablement appliqué, conduirait à l'équation finale, mais l'auteur avoue qu'il exigerait des calculs presque impraticables ; il recommande donc de recourir aux méthodes exposées avec détail dans l'ouvrage de Bezout.

Ayant été amené par mon sujet à critiquer la longueur des déductions qu'on trouve dans le premier chapitre de la théorie des équations de Bezout, j'éprouve le besoin de payer un juste hommage aux services que cet académicien a rendus à l'enseignement des mathématiques, par la publication de ses divers ouvrages destinés aux élèves de l'artillerie et de la marine. Je prouverai, en outre, qu'il avait le plus noble caractère, en citant un fait emprunté à sa vie d'examinateur, dont les sciences pourront toujours se faire honneur.

Bezout, examinateur de la marine, arrive à Toulon. Un des élèves était retenu au lit par la petite vérole ; s'il n'est pas examiné sur-le-champ sa carrière est perdue. Bezout n'a pas eu la petite vérole, il redoute extrêmement les atteintes de cette terrible maladie ; néanmoins il se rend dans la chambre de l'élève, l'examine et le reçoit. À mon avis, ce trait méritait d'être rappelé ici, car, même dans cette enceinte, une belle action vaut un beau Mémoire.

Poisson, encore élève de l'École polytechnique, présenta le 8 décembre 1800, à la première classe de l'Institut, un Mémoire relatif au nombre d'intégrales complètes dont les équations aux différences finies sont susceptibles. Les deux académiciens, Lacroix et Legendre, chargés de l'examiner en firent le plus grand éloge et en demandèrent l'impression dans le *Recueil des savants étrangers*, ce qui est le dernier terme de l'approbation adopté par l'Académie. Jamais pareille distinction n'avait été accordée à un jeune homme de dix-huit ans.

DES SOLUTIONS PARTICULIÈRES DES ÉQUATIONS DIFFÉRENTIELLES.

Quelques géomètres avaient découvert des méthodes pour obtenir l'intégrale générale d'une équation différentielle donnée, c'est-à-dire l'équation finie d'où l'on pouvait déduire toutes les solutions que l'équation différentielle comportait, et cela par une simple modification dans la valeur numérique de la constante que l'intégration avait introduite.

Mais Euler, cette incarnation de l'analyse mathématique, si l'expression m'est permise, découvrit des solutions qui ne pouvaient être déduites de ce qu'on avait appelé jusque-là l'intégrale générale. Tous les géomètres avouèrent qu'il y avait là une grave lacune à remplir ; aussi le Mémoire dans lequel Lagrange, en étudiant avec plus de soin qu'on ne l'avait fait avant lui le passage des équations algébriques aux équations différentielles, montra que certaines solutions ne pouvaient pas être comprises dans cette forme d'intégrales à constantes arbitraires qu'on appelait à tort des intégrales générales, fut-il reçu avec un applaudissement universel.

Poisson s'est occupé également de cet objet, non pour rien ajouter à la théorie de Lagrange, qui était complète, mais pour donner des méthodes à l'aide desquelles on pût trouver ces solutions non comprises dans l'intégrale générale, et qu'on a justement appelées des solutions particulières ou singulières. Les Mémoires que notre confrère a publiés sur ce point délicat méritent tout l'intérêt des amateurs de l'analyse mathématique.

CALCUL DES VARIATIONS.

Je vais franchir maintenant un intervalle de trente années, et nous verrons Poisson aux prises avec le calcul des variations.

Le calcul des variations, considéré dans les Écoles comme la partie la plus difficile et la plus délicate des mathématiques, a été l'objet de savantes recherches de notre confrère, qui furent communiquées à l'Académie le 10 novembre 1831.

Les géomètres trouvèrent de bonne heure les règles à l'aide desquelles on détermine le *maximum* ou le *minimum* d'une fonction explicite d'une ou de plusieurs variables ; ils tâtonnèrent longtemps, au contraire, avant de découvrir un procédé général propre à la solution des questions plus compliquées dans lesquelles la fonction qui doit être un *maximum* ou un *minimum* est seulement connue par sa différentielle. Le problème relatif à la détermination du solide de révolution qui se meut le plus facilement possible à travers un milieu où la résistance croît proportionnellement au carré de la vitesse, doit être rangé dans cette dernière catégorie. Newton le résolut, mais sans dire par quel procédé. Les premières méthodes qu'on ait données pour découvrir les *maxima* et les *minima* des intégrales de fonctions différentielles connues, appartiennent aux Bernoulli et à Taylor. Ces méthodes reçurent dans les mains d'Euler d'importants perfectionnements qui forment le principal sujet de l'ouvrage intitulé : *Methodus inveniendi lineas curvas*, etc. Lagrange, enfin, donna dans son *Calcul des variations* une méthode qui à l'avantage d'être à la fois plus simple et plus générale que celles dont on avait fait jusqu'alors usage, joignait celui d'être applicable aux intégrales doubles.

La méthode des variations étant devenue peu de temps après sa publication une des branches de l'enseignement des mathématiques, il doit paraître étrange qu'on pût encore, en 1831, y signaler de véritables lacunes ; et cependant il est très-vrai que cette méthode laissait l'analyste absolument sans guide, lorsque les limites de l'intégrale double étaient variables et inconnues. Grâce au nouveau travail de Poisson, cette lacune a entièrement disparu. Les géomètres sauront désormais, même pour les cas des intégrales doubles, former les équations relatives aux limites considérées dans toute leur généralité.

Le Mémoire de Poisson a été public dans le tome XII du *Recueil de l'Académie*. Les mathématiciens y trouveront, outre le complément du calcul des variations dont le peu de lignes qui précèdent signalent suffisamment l'importance, diverses remarques sur les conditions d'intégrabilité des formules différentielles d'un ordre quelconque, et l'expression de l'intégrale, sous forme finie, par le moyen des quadratures, lorsque ces conditions sont satisfaites.

Un mot encore sur le Mémoire dont il vient d'être question.

Ma juste déférence pour les opinions de Poisson ne doit pas m'empêcher de signaler un point à l'égard duquel sa profonde érudition mathématique et son bon sens exquis ne l'ont pas, à mon avis, garanti d'une erreur historique. Je veux parler du géomètre à qui appartient réellement l'invention du calcul différentiel.

Le calcul différentiel est la plus grande découverte mathématique que les hommes aient faite, et si l'on considère l'importance et la variété de ses applications, c'est la plus belle conception de l'esprit humain. À l'aide du calcul différentiel, le mathématicien saisit les questions de toute nature dans leurs vrais éléments, dans leur essence intime ; il sonde ainsi, sans jamais laisser de lacune derrière lui, les plus secrets replis des phénomènes naturels. Le calcul différentiel fournit à de simples écoliers les moyens de résoudre, d'un trait de plume, des problèmes devant lesquels l'ancienne géométrie restait impuissante, même dans les mains d'un Archimède. Il ne faut donc pas s'étonner que deux beaux génies, Leibnitz et Newton, que deux grandes nations, l'Allemagne et l'Angleterre, se soient disputé, avec ardeur, avec animosité, l'honneur de l'invention.

Lorsqu'à la suite d'une profonde étude des pièces de ce mémorable procès, lorsque après avoir consulté de nouveau les *Varia opéra Mathematica* de Fermat, publiés en 1679, quinze ans après la mort du célèbre auteur, Lagrange et

Laplace reconnurent, il y a peu d'années, qu'il fallait regarder Fermat comme le véritable inventeur du calcul différentiel, nos voisins d'outre Manche se montrèrent vivement émus ; ils soutinrent qu'une possession de plus d'un siècle de durée devait faire repousser toute prétention nouvelle, comme si, en matière de science, la prescription pouvait jamais être invoquée au détriment du droit et de la vérité. Aussi, n'est-ce pas sur un pareil argument que Poisson fonde son opinion ; il prétend faire dater l'invention contestée du moment où l'algorithme et la notation qui ont prévalu furent, sur la proposition de Leibnitz, adoptées par tous les géomètres du continent ; mais comment notre confrère n'a-t-il pas remarqué que si l'invention résidait réellement dans la création de l'algorithme, toute discussion entre le géomètre allemand et le géomètre anglais eût été sans objet, car on n'en voit point de traces dans les fluxions de Newton. Je ne suis pas plus touché des difficultés que Poisson signale et que Fermat rencontra en l'absence de la formule du binôme, alors inconnue, pour trouver la différentielle d'un radical ; ces difficultés prouvent seulement qu'après la première invention, il restait encore beaucoup à faire ; que le nouveau calcul ne sortit pas de la tête du géomètre de Toulouse, comme Minerve du cerveau de Jupiter.

Remarquons d'ailleurs que Fermat ne fit pas seulement l'application de ses procédés à une question de *maximis* et *minimis*, qu'il s'en servit aussi pour mener des tangentes aux courbes, et que d'Alembert disait déjà, dans l'*Encyclopédie*, « que la géométrie nouvelle n'était que cette dernière méthode généralisée. »

Qu'on me permette maintenant cette remarque : ce n'est pas en quelques lignes, et sans une discussion approfondie, qu'on tranche une question sur laquelle d'Alembert, Lagrange, Laplace, se sont prononcés si catégoriquement, et en développant des preuves à l'appui de leurs opinions. Malgré l'avis de notre confrère, l'inventeur du calcul différentiel restera donc, conformément à la décision des trois géomètres illustres que je viens de nommer, non pas Newton, non pas Leibnitz, comme on l'avait cru longtemps, mais Fermat. Si cette opinion parvient à réunir l'adhésion de tous les géomètres compétents et désintéressés, il faudra désormais considérer les belles découvertes de Poisson comme ayant été faites à l'aide d'une admirable méthode d'origine française. Une pareille conclusion ne pourra manquer d'être bien accueillie dans cette Académie.

COURBURE DES SURFACES.

Poisson a publié, dans le *Journal mathématique de Crelle*, un Mémoire intéressant sur la courbure des surfaces, dont je vais essayer de donner une idée.

Si l'on fait passer une série indéfinie de plans sécants par la normale aboutissant à un point déterminé d'une surface courbe, on obtient une série correspondante de sections planes de courbures diverses. Ces courbures dépendent de la forme et de la grandeur de la surface donnée. Il semble donc peu naturel d'espérer qu'elles puissent être enchaînées les unes aux autres par une règle générale, ou, si l'on veut, par une formule totalement indépendante de la forme particulière de cette surface.

Euler a montré cependant qu'étant donnés les rayons de courbure de trois sections normales quelconques, on peut en déduire, sans avoir besoin de connaître l'équation de la surface, le rayon de courbure de toute autre section également normale déterminée de position à l'égard des premières ; que dans le nombre infini de sections normales, il en est deux, celles qu'on a appelées les *sections principales*, qui répondent, l'une au plus grand, l'autre au plus petit rayon de courbure ; que ces deux sections sont toujours rectangulaires entre elles. L'illustre géomètre détermine le rayon de courbure d'une section quelconque en fonction de l'angle que cette section forme avec celles qui contiennent le plus grand et le plus petit rayon de courbure et les valeurs de ces deux rayons.

Euler avait également rattaché, à l'aide d'une formule générale, le rayon de courbure d'une section oblique aux rayons de courbure des sections normales ; mais le rapport simple qui lie ces quantités entre elles lui échappa : c'est à Meunier, de l'Académie des sciences, le célèbre défenseur de Mayence pendant l'ère républicaine, qu'on doit cette règle élégante, que le rayon de courbure d'une section oblique est la projection sur son plan du rayon de courbure de la section normale passant par la même tangente à la surface.

Cette théorie générale de la courbure des surfaces, l'une des plus belles acquisitions de la géométrie moderne, ne semblait devoir souffrir d'exception que pour les points singuliers dans lesquels les surfaces courbes ont plusieurs plans tangents. Poisson a montré cependant que les théorèmes d'Euler n'ont pas lieu ; que les rayons de courbure des sections normales sont susceptibles de plusieurs *maxima* et *minima*, même pour des points où le plan tangent est unique. Il a cité, comme exemple, la surface qui serait engendrée par une parabole tournant autour de son axe, tandis que le paramètre varierait suivant une fonction donnée de l'angle décrit. Il est évident qu'à son sommet cette espèce de paraboloïde aurait pour plan tangent unique le plan perpendiculaire à l'axe de rotation ; qu'en ce même point, les sections normales seraient la parabole génératrice dans ses diverses formes et positions. Or, les rayons de courbure de ces lignes devant nécessairement varier suivant la même loi que leurs paramètres, pourraient, à l'aide d'un choix convenable de la fonction qui lie l'angle décrit à la grandeur du paramètre, passer par autant d'alternatives de *maxima* et de *minima* qu'on le désirerait. Les sections principales ne seraient donc plus au nombre de deux seulement, comme le voulait le théorème d'Euler.

Ces principes découverts par Euler, en tant que méritant les noms de théorèmes généraux ne peuvent être en défaut sans qu'on puisse en trouver la raison dans un examen approfondi des conditions de la question ; il faut montrer, pour l'honneur des théories mathématiques, qu'il eût été possible, à *priori*, de prévoir ces cas exceptionnels et d'assigner les circonstances dont ils dépendent. Tel est, en effet, le principal objet du Mémoire de M. Poisson.

Je ne terminerai pas sans signaler une conséquence intéressante qui découle aussi de l'analyse de M. Poisson. Le théorème de Meunier, sur les rayons de courbure des sections obliques, se vérifie alors même que celui d'Euler n'a plus lieu.

CALCUL DES PROBABILITÉS.

Il serait curieux et intéressant de savoir par quelle série de considérations les grands géomètres ont été amenés à traiter un sujet de préférence à tel autre. Poisson a mis une fois le public dans cette confidence. S'occupe-t-il des mouvements de la lune autour de la terre, c'est parce que cette théorie est attrayante à raison des difficultés qu'elle présente. C'est sans doute un motif de ce genre, l'attrait de la difficulté, qui conduisit Poisson, en 1837, à s'occuper de recherches relatives à la probabilité des jugements en matière criminelle et en matière civile. La première solution de cette question, l'une des plus ardues que les géomètres se soient proposée, remonte à Condorcet, et se trouve dans l'ouvrage de cet académicien intitulé : *Essai sur l'application de l'analyse à la probabilité des décisions rendues à la pluralité des voix*. Avant la publication de cet essai, entrepris à la demande de Turgot, il n'existait sur la matière qu'un petit ouvrage de Nicolas Bernoulli. La France possède maintenant trois traités *ex-professo* sur les probabilités envisagées dans toute leur généralité, celui de Condorcet, le traité de Laplace et le livre de Poisson, dont il nous reste à donner une idée.

L'ouvrage de Poisson tient plus que son titre ne l'indique et qu'il ne le faisait espérer ; les quatre premiers chapitres renferment les règles et les formules générales du calcul des probabilités ; c'est dans le cinquième seulement que notre confrère aborde la question de la probabilité des jugements en matière criminelle et en matière civile.

Dans l'étude de cette question spéciale, on fait un usage continuel de ce qu'on appelle la loi des grands nombres ; voici en quels termes on peut définir cette loi : si l'on observe des nombres très-considérables d'une même nature, dépendants de causes constantes et de causes qui varient irrégulièrement, tantôt dans un sens, tantôt dans un autre, c'est-à-dire sans que leur variation soit progressive dans aucun sens déterminé, les résultats qu'on en déduira seront indépendants des causes perturbatrices.

L'auteur s'attache à montrer, par des exemples bien choisis, que cette loi s'observe tant dans les faits relatifs à l'ordre matériel que dans ceux qui touchent à l'ordre moral. Citons d'abord quelques cas empruntés à l'ordre matériel. Dans les jeux, les circonstances qui amènent l'arrivée d'une carte ou du point déterminé d'un dé, varient à l'infini. Cependant, après un nombre suffisant de coups, la carte ou le point sont arrivés un nombre de fois déterminé et invariable.

La durée de la vie fournit un second exemple de cette constance dans les résultats, lorsqu'on arrive à considérer un nombre suffisant de cas. Ainsi, que l'on prenne la somme des années représentant les âges qu'ont vécu un grand nombre d'individus nés entre deux époques indéterminées, et appartenant à un pays où l'état de la société peut être considéré comme constant : qu'on divise cette somme par le nombre des individus, et le quotient, qu'on appelle la *vie moyenne*, sera à très-peu près le même dans tous les calculs de ce genre.

Prenons un troisième exemple, que Poisson n'a pas cité, et qui fera également ressortir la signification réelle de cette loi des grands nombres.

Supposons un tableau horizontal portant des raies parallèles et équidistantes, et qu'on jette au hasard sur ce tableau un cylindre d'une longueur donnée, et dont le diamètre peut être censé négligeable : la probabilité que le cylindre jeté au hasard ne rencontrera aucune des lignes parallèles dépendra évidemment de l'angle qu'il formera après sa projection avec une ligne passant par son milieu et perpendiculaire aux parallèles que le tableau renferme. Dans l'expression de cet angle entre nécessairement le rapport du diamètre à la circonférence, en comptant le nombre de cas dans lesquels le cylindre n'a pas touché les parallèles. Sur un nombre considérable d'épreuves, on pourra en déduire le rapport en question ; ce rapport sera le même et égal au nombre connu, soit que vous le déduisiez des preuves faites aujourd'hui, demain, après-demain, pourvu qu'elles soient assez nombreuses.

Comme exemple de la vérification de la loi des grands nombres dans les phénomènes de l'ordre moral, nous pouvons invoquer la constance du droit moyen de greffe perçu par les tribunaux sur un certain nombre d'années, quoique ce droit dépende de l'importance des procès et de l'ardeur que met le public à plaider. Nous pourrions citer encore la somme à peu près constante que produisaient jadis les mises à la loterie et le total des sommes aventurées dans les jeux publics.

On ne peut donc pas douter que la loi des grands nombres ne convienne aux choses morales qui dépendent de la volonté de l'homme, de ses intérêts, de ses lumières et de ses passions, comme à celles de l'ordre physique ; mais il était important de le démontrer à *priori*, c'est ce qu'a fait M. Poisson. On jugera de la difficulté du problème par cette seule remarque : Jacques Bernoulli ne considéra qu'un cas particulier de cette question générale, et en fit cependant l'objet de ses méditations pendant vingt années consécutives. Des hommes d'ailleurs très éclairés refusent obstinément de croire à la possibilité de soumettre au calcul les questions que, à la suite de Condorcet et de Laplace, Poisson a traitées dans son grand ouvrage ; ils pensent que le mathématicien, tout habile qu'il soit, manquera toujours de données précises pour apprécier les chances d'erreur auxquelles le juré se trouve exposé dans l'appréciation de la cause qui lui est soumise ; mais ils ne réfléchissent pas que ces chances sont empruntées à l'expérience, et que leur valeur est fournie par une comparaison bien entendue du nombre moyen de votes qui ont acquitté, au nombre moyen de votes ayant prononcé la condamnation. Je reconnais toutefois que les doutes du public paraîtront légitimes, tant qu'une personne à la hauteur de cette mission n'aura pas donné un exposé simple, clair et net des principes des probabilités, en tant qu'ils sont applicables au jugement des hommes.

Il faudra, dans cet exposé, s'attacher aux résultats élémentaires, et les dégager de toutes les complications que les formules comportent ; c'est à ce prix seulement qu'on parviendra à populariser cette branche du calcul mathématique.

Laplace a trouvé que la probabilité d'être mal jugé, à la majorité de sept voix contre cinq, est un cinquantième ; en sorte que la proportion des accusés non coupables, qui seraient condamnés annuellement à cette majorité, s'élèverait à un sur cinquante. Il faut remarquer toutefois que les auteurs des traités de probabilité établissent entre les accusés coupables et les accusés condamnables une distinction essentielle, mais sur laquelle je ne pourrais m'arrêter ici sans dépasser les bornes qui me sont prescrites.

Poisson préludait à ses grands travaux sur le calcul des probabilités, appliqué aux décisions des tribunaux, par l'examen d'une question spéciale, relative à la *proportion des naissances des filles et des garçons*. Tel est le titre du Mémoire qu'il fut à l'Académie, au commencement de 1829.

Avant d'indiquer les conséquences des savants calculs de Poisson, citons d'abord les résultats qu'il a déduits de la discussion d'une longue suite d'observations.

On sait, depuis longtemps, qu'en Irance il naît plus de garçons que de filles ; mais on peut se demander si le rapport des deux nombres a été exactement déterminé. Poisson trouvait qu'à quinze naissances féminines correspondent seize naissances masculines. Anciennement, on s'était arrêté au rapport de vingt et un à vingt-deux.

Le rapport de quinze à seize est le même dans toute l'étendue de la France.

Si l'on considère isolément les enfants nés hors du mariage, les enfants naturels, on trouve une anomalie dans cette classe : le nombre des naissances féminines diffère moins de celui des naissances masculines que dans la population considérée en masse ; le rapport n'est plus alors que celui de vingt à vingt et un.

Il est présumable que, dans les grandes villes, il existe une cause qui diminue la prépondérance des naissances masculines, et dont l'action se fait également sentir sur les enfants légitimes et sur les enfants naturels. En effet, pour les enfants légitimes, le rapport des filles aux garçons est, à Paris, de vingt-cinq à vingt-six, au lieu de quinze est à seize que donne la France entière. Quant aux enfants naturels de la capitale, le nombre des filles n'y est surpassé par celui des garçons que d'une unité sur vingt-neuf, alors que sur tout le pays on avait trouvé cette même unité d'augmentation sur vingt filles seulement.

Ces divers résultats sont déduits de la comparaison de nombres totaux de naissances fort grands. Tout le monde sera donc disposé à les adopter avec confiance. Mais

Poisson a été plus loin ; il a voulu déterminer numériquement leur probabilité ; il a désiré connaître les chances de leur reproduction future. Le perfectionnement des méthodes analytiques propres à résoudre cette question, forme le principal objet du Mémoire du célèbre académicien ; le problème qu'il a eu à résoudre, est celui de la recherche des probabilités des événements futurs, d'après les événements passés.

Il serait impossible d'analyser ici, sans le secours de signes algébriques, cette portion du travail de l'auteur. La citation d'une ou de deux des applications numériques que Poisson a faites de ses formules, suffira d'ailleurs amplement pour en faire sentir l'importance et l'utilité.

Supposons que douze mille soit le nombre de naissances annuelles dans un département d'une population moyenne ; nous trouverons qu'il y a quatre mille à parier contre un que, dans un tel département, le nombre des naissances annuelles féminines ne surpassera pas le nombre de naissances masculines. Malgré une aussi faible probabilité, cet événement s'est présenté plusieurs fois pendant la période de dix ans que Poisson a considérée. La reproduction d'un événement si improbable conduit naturellement à soupçonner que les chances avaient été calculées sur une hypothèse contestable ; mais ici, quelle autre supposition avait-on faite, si ce n'est celle d'admettre que les possibilités des naissances masculines et féminines avaient, pour chaque département et pour chaque année, les valeurs moyennes données sur la France tout entière par une assez longue période ? cette hypothèse n'est donc pas parfaitement exacte. Ainsi la chance d'une naissance masculine varie, pour chaque localité, d'une année à l'autre, et, dans une même année, d'une localité à l'autre.

On a vu que, au commencement de ce siècle, le rapport du nombre de naissances de filles au nombre de garçons, était, pour une certaine partie de la France, celui de vingt et un à vingt-deux ; tandis que maintenant, on trouve quinze à seize dans toute l'étendue du pays. Doit-on considérer cette différence comme fortuite ? Indique-t-elle, au contraire, un accroissement réel dans la probabilité des naissances masculines ? Les calculs de Poisson répondent à ce doute d'une manière péremptoire : ils montrent que, dans la partie de la France dont il s'agit, la chance d'une naissance masculine était jadis moins forte qu'elle ne l'est aujourd'hui.

Je ne pousserai pas plus loin ces réflexions. On voit combien il serait important de faire les mêmes calculs pour les lieux où la polygamie existe ; mais les données manquent malheureusement. J'ai lu cependant quelque part qu'à Bombay, un recensement, opéré sur la population musulmane, a donné une prépondérance marquée des naissances masculines sur les naissances féminines, et presque dans les mêmes rapports qu'en Europe ; ce qui, pour le dire en passant, ne justifie guère les préceptes du Coran.

TRAVAUX DE POISSON SUR LA PHYSIQUE GÉNÉRALE ET LA PHYSIQUE TERRESTRE.

Je m'arrêterai à l'analyse précédente des travaux de Poisson sur les mathématiques pures ; elles suffiront, je pense, pour faire apprécier le génie de notre confrère dans ces sortes de matières.

Je me hâte donc, sans autre préambule, de passer aux questions de physique générale et de physique terrestre, dont Poisson a sondé les profondeurs à l'aide de cet instrument, l'analyse mathématique, qu'il maniait avec une si rare habileté. Ici encore, quoi qu'il m'en coûte, je serai obligé, dominé par le temps, de laisser de côté plusieurs problèmes, qui cependant auraient suffi pour établir la réputation d'un géomètre de premier ordre.

ÉLECTRICITÉ.

L'électricité a été l'objet des savants calculs de Poisson ; mais, dans le vaste ensemble de faits déjà connus de son vivant, notre confrère n'a pris qu'un cas spécial, celui de l'électricité en repos ou en équilibre. On aurait donc tort de chercher dans ses Mémoires des calculs ayant trait à ces courants électriques presque instantanés qui parcourent des fils métalliques, et à l'aide desquels un commerçant de Québec converse aujourd'hui avec son correspondant de la Nouvelle-Orléans, à travers la vaste étendue de l'Amérique septentrionale, tout aussi sûrement que s'ils étaient tous les deux enfermés dans la même chambre. Les phénomènes dont Poisson s'est occupé, quoique moins merveilleux, sont très-dignes de l'intérêt des physiciens.

Les procédés qui servent à faire passer les corps de l'état neutre à l'état de corps électrisés, les effets à l'aide desquels ce dernier état se révèle, sont trop connus pour qu'il soit nécessaire d'en donner la description. Mais nous devons nous demander quelle est la cause physique de ces changements d'état.

Deux réponses ont été faites à cette question. Suivant l'une, l'électricité est une substance aériforme, dont tous les corps de la nature sont imprégnés à des degrés différents. Parvient-on, par des moyens artificiels, à augmenter la quantité de fluide qu'un corps contient naturellement, il devient électrisé en plus. Diininue-t-on cette quantité, le corps est électrisé en moins. Le corps ne donne aucun signe électrique, il est à l'état neutre, lorsqu'il contient la quantité de fluide qui convient à sa nature et à sa capacité.

Cette théorie est de Franklin. Les beaux calculs de Poisson reposent sur une supposition différente, dont on trouve les premiers linéaments dans les Mémoires de Simmer et de Dufay, de cette Académie.

Voici en quels termes Poisson a formulé la supposition qui a servi de base à sa théorie : « Tous les phénomènes de l'électricité doivent être attribués à deux fluides différents répandus dans tous les corps de la nature. Les molécules d'un même fluide se repoussent mutuellement ; elles attirent les molécules de l'autre. Ces forces d'attraction et de répulsion suivent la raison inverse du carré des distances. A la même distance, le pouvoir attractif est égal au pouvoir répulsif. D'où il résulte que, quand toutes les parties d'un corps renferment une égale quantité de l'un et l'autre fluide, ceux-ci n'exercent aucune action sur les fluides contenus dans les corps environnants, et il ne se manifeste, par conséquent, aucun signe d'électricité. Cette disposition égale et uniforme des deux fluides est celle qu'on appelle leur état naturel ; dès que cet état est troublé par une cause quelconque, le corps dans lequel cela arrive est électrisé, et les différents phénomènes de l'électricité commencent à se produire. Tous les corps de la nature ne se comportent pas de la même manière par rapport au fluide électrique. Les uns, comme les métaux, ne paraissent exercer sur lui aucune espèce d'action ; ils lui permettent de se mouvoir librement dans leur intérieur et de les traverser dans tous les sens : pour cette raison, on les nomme *corps conducteurs.* D'autres, au contraire, l'air très-sec, par exemple, s'opposent au passage du fluide électrique dans leur masse ; de sorte qu'ils servent à empêcher le fluide accumulé dans les corps de se dissiper dans l'espace. » Les phénomènes que présentent les corps conducteurs électrisés soit quand on les considère isolément, soit lorsqu'on en rapproche plusieurs les uns des autres, furent l'objet principal du travail de Poisson.

Notre confrère a eu le bonheur d'avoir pour terme de comparaison de sa théorie d'admirables expériences, publiées vingt-cinq ans auparavant par le célèbre physicien Coulomb, de cette Académie. Il ne sera pas hors de propos de citer ici quelques-uns des principaux phénomènes dans lesquels le calcul et l'observation sont parfaitement d'accord.

Considérons un corps conducteur placé sur un support isolant, communiquons-lui une certaine quantité d'électricité. Le calcul montre qu'elle se portera tout entière à la surface ; l'observation confirme ce résultat.

Cette électricité, réunie sur la surface du corps, n'y est pas également répartie. Sur un ellipsoïde de révolution allongée, par exemple, elle sera d'autant plus considérable aux pôles de rotation, que l'axe qui les joint sera plus grand, par rapport au diamètre de l'équateur, ce que les expériences de Coulomb confirment complétement. Dans les pointes des corps où l'électricité s'accumule en trop grande quantité, elle surmonte l'obstacle que l'air sec oppose à sa diffusion ; c'est ce qui arrive à l'extrémité des pointes et sur les arêtes vives des corps anguleux, phénomène que l'observation avait dès longtemps constaté, avant que Poisson le déduisît de la théorie.

Poisson s'est occupé, d'une manière toute spéciale, des phénomènes que présentent deux sphères électrisées en contact, ou seulement placées en face l'une de l'autre. Lorsque les sphères se touchent, l'électricité est nulle autour du point de contact, résultat singulier, conforme aux observations de Coulomb. Lorsqu'on les sépare, l'électricité se partage entre les deux sphères, de manière qu'elle est toujours plus forte sur la plus petite.

Poisson considère l'accord de ses savants calculs avec les expériences de Coulomb comme la démonstration de la vérité de l'hypothèse sur laquelle il s'était appuyé. Il serait donc prouvé que l'électricité résulte de l'action de deux fluides distincts, tantôt séparés et tantôt réunis ; mais de nombreux exemples doivent nous mettre en garde contre les conclusions tirées ainsi de l'accord du calcul et de l'observation. Considérons, par exemple, la lumière : en la supposant composée de molécules matérielles attirées par les corps à des distances insensibles, on rendait compte de la loi capitale des sinus, soit dans le passage du vide dans un milieu donné, soit à la surface de séparation de deux milieux différents ; on expliquait très-simplement la réflexion totale ; on avait même commencé à rattacher la double réfraction au système corpusculaire. Eh bien, la conception de Newton n'est plus maintenant qu'une hypothèse gratuite dont aucun physicien de bonne foi et au courant des faits ne saurait se montrer le défenseur. Mais ce qu'on peut affirmer sans crainte d'être démenti par personne, c'est qu'on citerait difficilement un travail dans lequel se trouvent réunis plus de sagacité, de ressources analytiques, d'artifices ingénieux, qu'on n'en voit à chaque page dans les Mémoires de Poisson sur l'électricité. Le géomètre peut être ici comparé à un général qui tantôt aborde l'ennemi de front, tantôt tourne la position inexpugnable dans laquelle il s'était renfermé, tantôt, enfin, ne parvient à l'entamer qu'en ayant recours à des armes de nouvelle invention, et triomphe dans toutes ces luttes.

MAGNÉTISME.

Les phénomènes de l'électricité et du magnétisme ont de nombreux points de contact. Il est bien rare qu'on ait étudié les premiers sans être amené à s'occuper des seconds. C'est ainsi, du moins, qu'a fait notre confrère. Borné par le temps et l'espace, je ne pourrai citer qu'un très-petit nombre de ses calculs.

Un des résultats les plus importants et les plus neufs du voyage de M. de Humboldt aux régions équinoxiales, est la découverte ou la constatation de la variation d'intensité de la force magnétique suivant les lieux. Ainsi, une aiguille d'inclinaison située dans le méridien magnétique, revient à l'état de repos d'équilibre, lorsqu'elle en a été dérangée, avec d'autant moins de force ; elle fait des vibrations d'autant plus lentes, en général, qu'on est plus près des régions équinoxiales. Malheureusement, cette rapidité des oscillations dépend aussi de la quantité de magnétisme qu'on a communiquée à l'aiguille, et cette quantité est susceptible de varier avec le temps, même dans les aiguilles les mieux trempées. On ne pouvait donc compter sur la différence d'intensité donnée par une aiguille entre Paris et l'équateur, par exemple, qu'après être retourné au point de départ, afin de s'assurer que l'aiguille avait conservé son magnétisme primitif. Si cette condition n'était pas remplie, les observations se trouvaient perdues.

Poisson a imaginé une méthode qui dispense complétement de la permanence, de l'invariabilité dans le magnétisme de l'aiguille de comparaison. Cette méthode n'exige même pas que les observations aient été faites dans les diverses stations avec la même aiguille.

M. Gauss a perfectionné cette méthode, dont la première idée appartiendra toujours à Poisson, en substituant des mesures de déviations angulaires à la détermination de la durée des oscillations de diverses aiguilles. Le procédé du géomètre allemand a déjà été mis en usage avec beaucoup de succès pendant les mémorables expéditions que le gouvernement anglais a dirigées sur les points les plus éloignés pour étudier le magnétisme de notre globe.

Depuis que les masses de fer qui entrent dans la construction des navires se sont si prodigieusement multipliées, depuis surtout qu'on a exécuté des bâtiments tout entiers avec des plaques de ce métal substituées au bois, on a senti plus que jamais la nécessité de tenir compte des déviations accidentelles que l'aiguille de la boussole en éprouve. La question est très-importante, car il a été établi que beaucoup de naufrages qu'on attribuait à l'action irrégulière des courants ont dépendu de cette cause.

Poisson a dû croire qu'il rendrait un service à la marine en appliquant sa savante analyse à la solution de ce problème ; malheureusement, l'hypothèse d'où il était parti pour arriver à des résultats dont on pût faire usage dans la pratique de la navigation, à savoir : l'absence de toute force coercitive dans le fer qui a servi à la construction des bordages, dans celui des ancres, dans la fonte employée à la fabrication des canons, ne s'est pas trouvée parfaitement exacte. Le problème est beaucoup plus difficile que Poisson ne l'avait supposé ; regrettons que notre confrère n'ait pas eu le temps de l'envisager de nouveau avec les complications que l'expérience a dévoilées. Personne plus que lui n'était en état de se tirer de ce dédale actuellement inextricable.

CAPILLARITÉ.

Une large surface d'eau se place de niveau ; tous ses points sont situés à la même hauteur. Supposons maintenant qu'on plonge verticalement dans ce liquide un tube de verre ouvert à ses deux bouts, et qu'à raison de la petitesse de ses dimensions on nommera tube capillaire. Le liquide s'élèvera dans ce tube sensiblement plus haut que dans tous les autres points de sa surface. Si, au lieu d'employer de l'eau, on opérait sur le mercure, le liquide, au contraire, s'abaisserait dans le tube capillaire au-dessous du niveau général.

Il ne paraît pas que ce phénomène ait été connu des anciens, mais il fixa de bonne heure l'attention des observateurs modernes, qui même en déterminèrent expérimentalement les lois générales. Clairaut fut le premier à essayer d'expliquer la dénivellation capillaire à l'aide des formules générales de l'équilibre ; mais il échoua dans sa tentative. Laplace fut plus heureux et représenta par ses formules théoriques, et jusqu'aux centièmes de millimètres, les ascensions du liquide dans les tubes de diverses dimensions. Le travail de Laplace excita l'admiration du monde savant, et fut regardé comme marchant de pair avec ses plus heureuses conceptions sur le système du monde.

Poisson n'en jugea pas ainsi, et, après la mort de l'illustre auteur de la *Mécanique céleste*, il publia, sous le nom de *Théorie de la capillarité*, un ouvrage tellement différent, dans ses principes constitutifs, de celui de Laplace, qu'on y trouve l'équivalent de cet énoncé : « Les liquides n'ont pas la même densité à toutes les profondeurs à partir de la surface. ; ils n'ont pas la même densité non plus à toutes les distances de la paroi solide du tube qui les renferme. » Ces variations de densité, dont Laplace n'a pas tenu compte, sont la vraie, l'unique cause, des changements de niveau occasionnés par les tubes capillaires plongeant dans les liquides.

On se demandera comment il est possible que Laplace soit parvenu à représenter, en nombres, les phénomènes de l'ascension capillaire, en négligeant dans son calcul la vraie, l'unique cause de ces phénomènes. Je l'avouerai, il y a là un grand scandale mathématique que doivent s'empresser de faire disparaître ceux qui ont le loisir et le talent nécessaires pour prononcer entre d'aussi grands esprits que Laplace et Poisson. Il y va de l'honneur de la science.

À une époque où chaque savant restait étroitement cantonné dans l'objet spécial de ses études et méprisait inconsidérément tout autre objet de recherche, Becker, le chimiste, s'écriait en parlant des physiciens : « Que voulez-vous qu'ils découvrent d'utile, d'important ? Ils ne font que lécher la surface des corps ! » Ce reproche, que j'appellerai bien peu *léché*, si un jeu de mot pouvait m'être permis ici, ne s'appliquera pas aux travaux de Poisson sur la capillarité ; notre illustre confrère a prétendu, en effet, comme on l'a vu, établir par le calcul des différences intimes entre l'intérieur et la surface des liquides. Il est vrai que ces différences de constitution devant se faire sentir dans des épaisseurs presque *évanouissantes*, ne semblent pas pouvoir être constatées expérimentalement ; mais les phénomènes d'optique, dans leur variété infinie, fourniront des moyens de soumettre les conceptions de Poisson à des vérifications de faits sur lesquels le temps qui m'est accordé ne me permet pas d'entrer ici dans des développements circonstanciés.

LOIS DE L'ÉQUILIBRE DES SURFACES ÉLASTIQES

Presque tous les grands géomètres du xviiie siècle se sont occupés du problème des cordes vibrantes ; un très petit nombre, au contraire, étendit ses recherches jusqu'à la question plus compliquée de l'équilibre et du mouvement des surfaces élastiques ; des difficultés d'analyse les obligèrent même de faire sur la constitution de ces corps des hypothèses qui les plaçaient dans un monde idéal.

Les expériences de Chladni, en fournissant un moyen de découvrir de quelle manière les corps se partagent en parties mobiles et en lignes fixes dans l'acte de leur vibration, a ramené l'attention des géomètres sur cette question.

Poisson en a fait l'objet de ses recherches les plus assidues, il a même soutenu à cet égard une polémique animée avec M. Navier, dont on trouvera les détails dans les tomes xxxviii et xxxix de la première série des *Annales de chimie et de physique*. Nous sommes obligés, pressés par le temps et l'espace, de renvoyer les lecteurs aux Mémoires originaux dans lesquels le talent de notre confrère ne brille pas moins que dans ses autres travaux de physique mathématique.

PROPAGATION DU MOUVEMENT DANS LES FLUIDES ÉLASTIQUES.

Poisson est revenu à plusieurs reprises sur la question de la propagation du mouvement dans les fluides élastiques, surtout, comme il le déclare, à raison de la liaison de ce problème avec l'une des deux théories de la lumière entre lesquelles l'opinion des physiciens est restée longtemps flottante. Dans le Mémoire lu le 24 mars 1823, les phénomènes sont envisagés avec toute la généralité possible.

« Le mouvement, dit-il, partira d'un point quelconque de l'un des deux fluides, ils se propagera en ondes sphériques autour de ce centre ; par conséquent, il atteindra la surface de l'autre fluide sous toutes les directions, et il s'agira de savoir suivant quelles lois il se répandra dans ce second fluide et se réfléchira dans le premier. »

Poisson établit d'abord qu'à une distance considérable du centre d'ébranlement, les vitesses des molécules sont sensiblement perpendiculaires à la surface de l'onde sphérique, ce qui est contraire à une conception de Young, reproduite par Fresnel, pour expliquer les phénomènes d'interférences que présentent les rayons polarisés. Sous ce rapport, la théorie est en parfait désaccord avec des expériences dûment interprétées.

Notre confrère avait espéré jadis qu'en étudiant le mouvement moléculaire dans un milieu qui n'avait pas la même élasticité suivant toutes les directions, il arriverait à faire disparaître le désaccord que nous venons de signaler, mais il établit dans le Mémoire dont je donne l'analyse, que cette inégalité d'élasticité ne peut pas amener des mouvements moléculaires parallèles à la surface de l'onde sphérique. Ce moyen de concilier la théorie et l'expérience doit donc être définitivement abandonné. D'un autre côté, Poisson fait disparaître une des principales difficultés qu'on ait opposées à la théorie des ondes ; il démontre que si l'ébranlement primitif a eu lieu dans un seul sens, le mouvement ne se propagera sensiblement, si la vitesse est très-considérable, que dans le sens de cet ébranlement ; que les ondes seront encore sphériques, mais que sur les rayons inclinés par rapport à la direction principale du mouvement, les vitesses propres des molécules fluides seront insensibles relativement à celles qui auront lieu dans cette direction et sur les rayons qui en sont très-rapprochés. Ainsi s'explique naturellement la propagation rectiligne de la lumière.

Lorsque après avoir considéré le mouvement dans un milieu, l'auteur cherche comment ce mouvement ondulatoire se communique à un second milieu contigu et séparé du premier par une surface plane, il démontre la loi des sinus ; mais il déduit de ses principes qu'il ne devrait pas y avoir de dispersion, que les rayons de différentes couleurs éprouveraient des réfractions égales ; qu'un rayon de lumière blanche traversant un prisme ne fournirait pas ce que les physiciens ont appelé le spectre solaire. La réflexion totale à la surface de sortie d'un premier milieu en contact avec un second milieu moins réfringent, ce phénomène qui, suivant Newton, était inconciliable avec la théorie des ondes, est rattaché mathématiquement par Poisson à ses principes.

Notre confrère a cherché s'il pouvait déduire de ses formules des nombres qui s'accordassent avec les mesures photo métriques ; il trouve à ce sujet un résultat singulier : il déduit de sa théorie qu'il y aurait même à la première surface du verre un angle sous lequel un objet vu par réflexion disparaîtrait complétement, ce qui n'est vrai que pour la lumière polarisée.

D'autre part, en comparant l'intensité de l'onde réfléchie à la première surface d'une lame de verre à faces parallèles, avec l'intensité de l'onde réfractée lorsqu'elle s'est réfléchie sur la seconde face, l'auteur trouve un résultat que des expériences photométriques antérieures avaient déjà fait connaître.

En résumé, le remarquable Mémoire de M. Poisson, dont nous venons de donner une analyse succincte, est à certains égards favorable à la théorie des ondes lumineuses, tandis que sur d'autres points il conduit à des conséquences toutes contraires. On observera qu'il n'est pas question dans ce travail important des rayons polarisés qui occupent une si grande place dans l'optique moderne.

Un académicien dont les premiers pas furent marqués par de véritables découvertes et révélèrent un génie mathématique du premier ordre, s'est aussi occupé de la question de la propagation des ondes, traitée par Poisson. Il trouve, lui, que les oscillations des particules peuvent être perpendiculaires au sens de la propagation des ondes. Il arrive, par ses calculs, à la conséquence que des ondes douées de la même vitesse doivent être inégalement réfractées. Enfin, il parvient, dit-il, par son analyse, à représenter les phénomènes de la polarisation dans leurs moindres détails. Je me suis demandé comment il se fait que des travaux qui suffiraient pour illustrer un homme et une nation, aient eu jusqu'ici si peu d'attrait pour les géomètres et les physiciens, que les Mémoires de l'illustre académicien passent inaperçus et ne trouvent que peu de lecteurs, peut-être pas un seul dans l'Europe entière ? Ces questions méritent certainement d'être examinées. Je dirai, à ce sujet, ma pensée tout entière, car elle ne m'est suggérée que par l'intérêt de la science et celui de notre célèbre confrère.

Lorsque, en traitant un sujet de mathématiques pures ou appliquées, un géomètre arrive à des résultats en désaccord avec ceux que ses prédécesseurs ont obtenus, il se doit à lui-même d'expliquer la cause de ces différences. Les grands mathématiciens du dernier siècle, Lagrange surtout, n'ont jamais manqué à ce devoir. Les préambules de leurs Mémoires, outre qu'ils formeront d'excellents chapitres d'une histoire future des sciences, font toucher du doigt les fausses hypothèses, les erreurs d'analyse qui ont égaré les mathématiciens leurs prédécesseurs. Faute de ce guide, que ferait le public ? Il détournerait les yeux des résultats contradictoires entre lesquels il se sentirait incapable de choisir, et attendrait qu'un esprit judicieux vînt mettre dans ses mains le fil conducteur capable de le diriger dans ce labyrinthe. Je viens de dire ce que ferait le public ; je me trompe, j'ai raconté ce qu'il fait sans qu'on puisse trop l'en blâmer. Si notre confrère veut que ses travaux soient accueillis avec tout l'intérêt dont ils sont dignes sans doute, il doit les reprendre dès l'origine, signaler avec le plus grand soin les circonstances auxquelles il faut attribuer le désaccord qui existe entre ses calculs et ceux de Poisson. Ne fît-il dans cet examen rétrospectif qu'expliquer sans conteste la dispersion dans la théorie des ondes, son temps aurait été très-utilement employé pour sa gloire et l'avancement des sciences. Qu'il se persuade surtout que les physiciens n'ont pas la prétention de suivre ses savants calculs dans tous leurs détails ; qu'à cet égard, ils sont très-disposés à le croire sur parole ; mais qu'ils désirent avec raison avoir une idée nette et précise des conditions physiques que ses formules représentent, et que pour admettre, par exemple, que la dispersion est une conséquence de la théorie des ondes convenablement envisagée, ils ne se contentent pas de cette réponse : « Il y a dispersion, parce que les équations sont hétérogènes. »

Enfin, et que notre illustre confrère prenne cette observation en bonne part, le public en général et le public scientifique en particulier, jugeant du présent par le passé, ne croient pas qu'il ait été donné à personne de faire une découverte par semaine. Si ses productions paraissaient à de plus grands intervalles, les géomètres auraient le temps de les mieux juger. Ce n'est pas, notre confrère me pardonnera cette remarque, au moment où l'aigle fend les airs avec la rapidité d'une flèche à la poursuite de sa proie, qu'on peut se former une juste idée de sa puissante organisation. Pour échapper à toute illusion, les naturalistes observateurs attendent qu'il soit au repos.

THÉORIE DE LA CHALEUR.

Poisson s'est occupé de la question capitale touchant la propagation de la chaleur dans les corps solides, et particulièrement dans le globe terrestre. Il a donné la mesure de l'importance qu'il attachait à ce travail, en en faisant l'objet d'une publication séparée.

J'ai essayé, dans la biographie de Fourier, de tracer l'historique de nos connaissances sur ce sujet. J'ai eu alors l'occasion de prouver que l'honneur d'avoir formé les équations complètes relatives à la propagation de la chaleur dans un corps homogène appartient incontestablement à l'ancien secrétaire de l'Académie. À cet égard, Poisson n'a rien prétendu innover. Il a voulu seulement établir les mêmes formules par des procédés analytiques plus clairs et moins sujets à difficultés. Ce but, nous pouvons assurer qu'il l'a atteint ; mais était-ce un motif pour autoriser l'illustre géomètre à donner à son ouvrage, dans un moment d'humeur, presque identiquement le titre que porte le traité de son prédécesseur ? Je ne le pense pas. Attachons-nous à renfermer nos débats dans le sein des académies ; c'est là seulement qu'ils peuvent être utiles. Il y a toujours dans le public des individus qui cherchent à tout envenimer ; ils saisissent avec empressement l'occasion qui leur est offerte de mêler leur nom inconnu à celui des hommes supérieurs momentanément séparés par des difficultés scientifiques. Ces parasites de la pire espèce ont constamment nui à la tranquillité des savants et aux progrès de leurs études.

Ce n'est pas seulement sur la manière d'établir les équations du mouvement de la chaleur que les deux grands géomètres diffèrent ; on trouve entre eux des discordances radicales, particulièrement à l'égard d'une des plus importantes conséquences de cette théorie.

Fourier avait déduit de ses formules que si la terre, depuis l'origine des choses, n'avait reçu de chaleur que du soleil, on trouverait, en pénétrant dans sa masse, à une profondeur suffisante, une température constante à toutes les époques de l'année, ce qui est conforme aux observations. À la profondeur des souterrains de l'Observatoire, à 28 mètres au-dessous du sol, il n'y a ni hiver ni été : le thermomètre marque le même degré, et cela jusqu'à la précision des centièmes, dans toutes les saisons et dans toutes les années.

Il résulte également des calculs de Fourier que, dans la même hypothèse, la température des couches inférieures, pour un lieu donné, devrait être la même à toutes les profondeurs accessibles. Ce résultat est démenti par les observations. À Paris, par exemple, la température de la terre, près de la surface, est de 10°.8 ; dans les souterrains de l'Observatoire, on trouve déjà près de 11°. 8, et la température des couches que traversent les eaux du puits de Grenelle, à la profondeur de 548 mètres, est de 27°. 5. Il y a donc quelque chose d'inexact dans la supposition que Fourier a soumise au calcul, dans la supposition que la terre aurait reçu toute sa chaleur du soleil. Fourier expliqua la température croissante des couches intérieures du globe, en admettant qu'à l'origine la terre, soit à l'état solide, soit à l'état gazeux, avait une température considérable indépendante de la chaleur solaire. Fourier déduisit des accroissements rapides, observés aux profondeurs où l'on est descendu dans l'intérieur du globe, cette conséquence que, à sept ou huit lieues au-dessous de terre, toutes les matières connues doivent être en fusion. Ainsi se trouvait justifiée la conception purement hypothétique qui faisait de la terre un soleil encroûté, un globe incandescent recouvert d'une mince couche solide.

Après avoir jeté un coup d'œil dédaigneux sur les plus grands monuments que l'orgueil ou la flatterie aient jamais construits, sur les pyramides d'Égypte, Bossuet s'écria : « Quelque effort que fassent les hommes, leur néant paraît partout : ces pyramides étaient des tombeaux. » Ces paroles ont été beaucoup admirées. Mais, je vous le demande, quels magnifiques rapprochements, quels élans sublimes ne fussent pas sortis de la plume de l'évêque de Meaux, si, de son temps, on eût su que les montagnes des Alpes, des Cordillères, de l'Himalaya, dont les cimes neigeuses semblent menacer le ciel, que les fleuves majestueux qui s'échappent de leurs glaciers et roulent jusqu'à l'Océan leurs flots impétueux, que ces contrées, tantôt couvertes d'une végétation luxuriante, et tantôt d'âpres frimas, que ces continents, dont les hommes se disputent les lambeaux comme des bêtes fauves, n'étaient que des accidents microscopiques sur la mince scorie qui recouvre la masse incandescente de notre globe.

L'hypothèse de Fourier d'une chaleur *d'origine* a *été* généralement adoptée par les géomètres et par les physiciens. Poisson ne s'en est pas montré satisfait. Il voit une difficulté dans la température excessive qu'aurait le centre de la terre, température qui, à raison d'un trentième de degré d'accroissement par mètre de profondeur, nombre donné par les observations faites près de la surface, surpasserait deux millions de degrés. Les matières soumises à cette température seraient, suivant notre confrère, à l'état de gaz incandescent. Il en résulterait une force élastique, à laquelle la croûte solidifiée du globe ne pourrait pas résister. Poisson, en s'appuyant sur l'aplatissement des planètes dans le sens de leurs axes de rotation, croit, avec tous les géomètres, qu'elles ont été originairement fluides ; mais il lui paraît vraisemblable que leur solidification a commencé par le centre, et non par la surface, et il trouve là une autre difficulté contre les conceptions de Mairan, de Buffon et de Fourier.

Pour expliquer les températures croissantes avec la'profondeur que donnent les observations des sources artésiennes et des galeries de mines, Poisson a recours aux considérations suivantes : toutes les étoiles ont des mouvements propres plus ou moins sensibles ; notre soleil est une étoile ; donc il doit se transporter avec son cortége de planètes dans différentes régions de l'espace, conséquence qui est d'ailleurs confirmée par les observations directes. Or, ces régions ne sont probablement pas toutes à la même température ; notre terre décrit son ellipse autour du soleil, tantôt dans une région chaude, tantôt dans une région froide ; partout elle doit tendre à se mettre en équilibre de température avec le milieu où elle circule. Supposons qu'après avoir été ainsi soumise à une température un peu élevée, la terre vienne à subir l'influence d'un milieu comparativement plus froid ; ses températures iront évidemment en augmentant de la surface vers le centre ; le phénomène serait inverse si on observait les températures terrestres lorsque notre globe, après avoir subi l'influence d'un milieu froid, traverserait une autre région comparativement chaude.

Telle est, en substance, l'explication proposée par Poisson des températures terrestres croissantes avec la profondeur. Pour soumettre cette théorie à l'épreuve d'une expérience directe, l'auteur propose de mesurer, à l'aide des moyens que la physique possède aujourd'hui, le rayonnement de l'espace dans différentes directions. Je crois que l'expérience que notre confrère désirait a été faite par Wollaston et Leslie, mais sans conduire à des résultats décisifs. Il n'échappera à personne que, dans l'hypothèse de Poisson, les températures ne devraient pas croître proportionnellement à la profondeur, ce qui, dans les limites où l'on a opéré, est démenti par les observations.

En résumé, la véritable cause des anomalies dans les températures terrestres observées par les physiciens est encore, comme le disait Pline dans son magnifique langage, *enveloppée dans la majesté de la nature.*

Le bel ouvrage de Poisson est terminé par l'application de ses formules générales aux températures terrestres, observées dans la partie solide du globe, à des profondeurs peu considérables. La lecture de ce chapitre ne saurait être trop recommandée aux météorologistes ; les applications qu'on y trouve les intéresseront au plus haut degré, et soit que l'on considère les variations de température à différentes profondeurs ou les époques des *maxima* et des *maxima*, les résultats des calculs sont généralement d'accord avec les observations. On doit savoir gré à Poisson d'être sorti de ces symboles généraux auxquels les géomètres s'arrêtent trop souvent, d'avoir compris que c'est en traduisant en nombres des formules effrayantes quelquefois par leur complication, que l'analyse peut contribuer à l'avancement de la physique du globe ; d'avoir reconnu, si cette assimilation m'est permise, que la vérité est contenue dans ces formules mystérieuses comme l'Apollon du Belvédère l'était dans un bloc de marbre de Paros, et qu'il ne fallut rien moins que le ciseau d'un sculpteur de génie pour le dégager et l'offrir à l'admiration des siècles.

INVARIABILITÉ DU JOUR SIDÉRAL.

Je quitterais avec beaucoup de regret ces belles applications de l'analyse aux phénomènes du monde sublunaire, si je ne devais rencontrer maintenant Poisson luttant victorieusement contre les difficultés de l'astronomie physique, et arrivant aux plus magnifiques résultats. C'est surtout dans cette branche des connaissances humaines que les efforts de notre illustre confrère ont été particulièrement heureux et féconds.

Presque toutes les observations astronomiques consistent dans la mesure d'un angle parcouru par un astre dans un temps donné. Pour que ces observations soient comparables entre elles, il faut que l'unité de temps soit constante. À toutes les époques, on a pris pour cette unité le jour sidéral.

Dans les anciens systèmes astronomiques, le jour sidéral était le temps que la sphère étoilée mettait à faire une révolution complète. Dans le système de Copernic, adopté aujourd'hui par tous les astronomes, le jour sidéral est égal au temps que la terre emploie à faire une révolution sur elle-même. Examiner si cette révolution à la même durée dans tous les siècles était donc une question capitale, digne du plus grand intérêt : Poisson l'a traitée, avec toutes les ressources de l'analyse moderne, dans un Mémoire qui date de 1827.

Nous ne parlerons pas ici de l'analogie, ou plutôt de l'identité, que Poisson est parvenu à établir entre les formules relatives à ce mouvement de rotation et celles qui s'appliquent à la recherche du mouvement des planètes autour du soleil ; nous nous contenterons de dire qu'il a démontré que les variations de la vitesse angulaire de rotation de notre globe sont trop petites pour que les astronomes aient jamais besoin d'y avoir égard. Poisson a prouvé de plus, que les actions du soleil et de la lune sur le sphéroïde terrestre ne produisent aucun déplacement appréciable de l'axe de rotation de la terre. Par ces démonstrations de la constance de la durée du jour et la constance des longitudes et latitudes terrestres, Poisson a rattaché son nom à deux des résultats les plus importants dont l'astronomie puisse se faire honneur.

LIBRATION.

La lune nous présente toujours la même face ; les observateurs situés sur la terre doivent se résigner à ne jamais voir qu'un des hémisphères de notre satellite. Les hommes qui prennent leur imagination pour guide peuvent donc se donner pleine carrière, constituer l'hémisphère invisible au gré de leur caprice, sans craindre d'être jamais démentis par l'observation. Jean-Dominique Cassini constata qu'il existe une liaison intime entre la position de l'équateur lunaire et la position de l'orbite de l'astre. C'est à Lagrange qu'est due la découverte de la cause physique qui établit les relations intimes dont nous venons de parler, et l'égalité angulaire du mouvement de rotation de la lune sur elle-même et de son mouvement autour de la terre. Lagrange avait donné l'expression des principales inégalités de la vitesse de rotation ; mais il n'avait pas traité des inégalités qui peuvent affecter l'inclinaison de l'équateur lunaire sur l'écliptique, et la position de la ligne suivant laquelle ces deux plans se coupent. Poisson a rempli cette lacune. Les résultats obtenus sont naturellement liés au moment d'inertie du sphéroïde lunaire ; ils nous éclaireraient sur la constitution intime de notre satellite, si des observations plus précises que celles qu'on a pu faire jusqu'à présent les rendaient appréciables. Au surplus, avoir complété un travail de Lagrange sera toujours un très-beau titre aux yeux des géomètres et des astronomes, qui ont eu l'occasion de remarquer avec quel soin, avec quelle perfection il a traité toutes les questions dont il s'est occupé spécialement.

MOUVEMENT DE LA LUNE AUTOUR DE LA TERRE.

Si, au lieu d'une biographie, j'avais à écrire un panégyrique, je ne parlerais peut-être pas d'un Mémoire de Poisson, lu dans une de nos séances le 17 juin 1833 et intitulé : *Sur le mouvement de la lune autour de la terre*. Ce Mémoire prouve, en effet, qu'un mathématicien quelque habile qu'il soit paie tôt ou tard son tribut à l'humaine faiblesse ; cette réflexion, dont je pourrais faire l'application à Euler, à Clairaut, à d'Alembert, à Lagrange, à Laplace, ne fera donc aucun tort à la haute réputation de Poisson. Voici, au surplus, en quoi consiste l'inexactitude que j'ai à signaler.

À la date de 1833, il n'y avait, dans le mouvement de la lune, qu'une seule inégalité dont l'attraction universelle ne rendît aucun compte : cette inégalité à longue période affectait le moyen mouvement. Poisson ayant cherché si, dans le développement de la fonction perturbatrice, il y avait quelque terme dépendant de l'action du soleil ou des planètes qui pût expliquer l'inégalité révélée par les observations, se prononça pour l'affirmative ; sa conclusion est catégorique : « Aucune inégalité à longue période, dit-il, ne doit être admise dans les tables du mouvement de la lune, fondées sur la théorie. »

Cette conclusion vient d'être contredite par M. Hansen, directeur de l'observatoire de Gotha ; un examen minutieux lui a fait découvrir des perturbations dont les coefficients sont assez considérables, et qui représentent d'une manière satisfaisante les inégalités séculaires révélées par les observations.

Au reste, les considérations sur lesquelles Poisson se fonde, dans le Mémoire du 17 juin 1833, pour simplifier la théorie analytique du mouvement de la lune, données par MM. Plana et Carlini, conservent toutes leurs valeurs, malgré l'erreur que M. Hansen a signalée et qui mérite la plus sérieuse attention des géomètres et des astronomes.

INVARIABILITÉ DES GRANDS AXES.

Newton a indiqué, dans plusieurs de ses ouvrages, les questions qu'il n'avait pas assez étudiées, ou sur lesquelles il n'était pas parvenu à des résultats qui le satisfissent. Au nombre de ces questions, figure la suivante : « Le système solaire est-il constitué de manière à durer éternellement ? Ne faudra-t-il pas, au contraire, que de temps à autre l'intelligence créatrice vienne réparer le désordre ? » On peut déduire de ces paroles que Newton croyait à la vérité de cette dernière supposition.

Une pareille idée, appuyée de l'autorité d'un homme d'un aussi grand génie, dut faire une impression profonde sur les esprits réfléchis. En 1715, la princesse de Galles, belle-fille de George Ier, suscita une discussion à ce sujet entre Clarke et Leibnitz ; car l'auteur de la *Philosophie naturelle*, quoique vivant encore, restait étranger par goût, et à cause de son grand âge, à toute controverse.

Leibnitz traita le doute émis par Newton avec un dédain que j'appellerais de mauvais goût, s'il était permis de prendre cette liberté, lorsqu'il s'agit de telles autorités. Voici comment Leibnitz s'exprimait à ce sujet. Je cite les ouvrages contemporains dans leur style naïf, mais un peu vieilli : « M. Newton et ses sectateurs ont encore une assez plaisante opinion de l'ouvrage de Dieu. Selon eux, Dieu a besoin de remonter de temps en temps sa montre, autrement elle cesserait d'agir. Il n'a pas eu assez de vue pour en faire un mouvement perpétuel. Cette machine de Dieu est même si imparfaite, qu'il est obligé de la décrasser de temps en temps par un concours extraordinaire, et même de la raccommoder comme un horloger son ouvrage. Selon mon sentiment, la même force en vigueur y subsiste toujours et passe seulement de matière en matière, suivant les lois de la nature et le bel ordre préalable. »

Clarke, dans un écrit adressé à la princesse de Galles, envisageait la question sous un tout autre point de vue. Ce que Leibnitz regardait comme une imperfection, s'offre au contraire à ses yeux comme une preuve de la sagesse divine. Voici quelques passages empruntés textuellement à la lettre de Clarke :

« Dire qu'il ne se fait rien sans la providence et l'inspection de Dieu, ce n'est pas avilir son ouvrage, mais plutôt en faire connaître la grandeur et l'excellence. L'idée de ceux qui soutiennent que le monde est une grande machine qui se meut sans que Dieu y intervienne, comme une horloge continue de se mouvoir sans le secours de l'horloger, cette idée, dis-je, introduit le matérialisme et la fatalité, et elle tend effectivement à bannir du monde la providence et le gouvernement de Dieu.

« Si un roi avait un royaume où tout se passerait sans qu'il y intervînt, ce ne serait qu'un royaume de nom par rapport à lui, et il ne mériterait pas d'avoir le nom de roi ou de gouverneur. Et comme on pourrait supposer avec raison que ceux qui prétendent que dans un royaume les choses peuvent aller parfaitement bien sans que le roi s'en mêle, comme on pourrait, dis-je, soupçonner qu'ils ne seraient pas fâchés de se passer de roi, de même on peut dire que ceux qui soutiennent que l'univers n'a pas besoin que Dieu le dirige et le gouverne continuellement avancent une doctrine qui tend à le bannir du monde. »

Leibnitz ne se montra pas satisfait des conceptions théologiques de l'ami de Newton ; dans sa réplique nous remarquons ce passage :

« La comparaison d'un roi chez qui tout irait bien sans qu'il s'en mêlât, ne vient point à propos, puisque Dieu conserve toujours les choses et qu'elles ne sauraient subsister sans lui. Ainsi, son royaume n'est point nominal. C'est justement comme si l'on disait qu'un roi qui aurait si bien fait élever ses sujets et les maintiendrait si bien dans leur capacité et bonne volonté, par les soins qu'il aurait pris de leur subsistance, qu'il n'aurait point besoin de les redresser, serait seulement un roi de nom !

Cette correspondance date du commencement du XVIIIe siècle. La question fut reprise cinquante ans après, mais cette fois à l'aide de calculs empruntés aux plus hautes régions des mathématiques, et qui devaient dégager la discussion du vague dans lequel l'avaient laissée les arguments métaphysiques de Clarke et de Leibnitz.

Laplace ayant été amené à chercher si les temps que les planètes emploient à faire leur révolution autour du soleil sont invariables, trouva par le fait que les perturbations dépendantes des actions des planètes et relatives à ces deux éléments se détruisaient les unes les autres ; de là résultait comme conséquence par la troisième loi de Kepler, que la distance des planètes au soleil, sauf de petites altérations périodiques, restait constante, et que les planètes Saturne, Jupiter, la Terre, etc., ne devraient jamais aller se précipiter dans la matière incandescente dont le soleil paraît entouré. Sous ce rapport, le système du monde avait donc des perfections dont Newton lui-même avait douté.

Lagrange pensa qu'un fait aussi capital que l'invariabilité des grands axes devait être démontré *à priori*, et publia à ce sujet l'un de ses plus beaux mémoires. Mais les applications de l'analyse aux questions du système du monde reposent sur l'emploi des séries ; l'illustre géomètre fut forcé de limiter son approximation : il s'arrêta aux quantités dites du second ordre. Dans un très-beau travail postérieur, Poisson poussa l'approximation plus loin ; il montra que la conséquence à laquelle Lagrange s'était arrêté est vraie lors même que l'on tient compte des perturbations du quatrième ordre.

Les doutes que Newton et Euler avaient conçus se trouvaient ainsi avoir disparu. Rien du côté de l'action mutuelle des planètes, ne prouve donc que la terre doive aller un jour se confondre avec le soleil. Envisagé de ce point de vue, la durée indéfinie de notre système se trouvait établie sur des raisonnements mathématiques. Mais, à d'autres égards, le problème posé par Newton et Euler était-il vraiment résolu ? Les calculs dont nous venons de parler établissaient-ils qu'il n'y a dans les espaces célestes aucune cause qui puisse changer les dimensions des orbites planétaires, qui doive amener, comme on dit communément, la fin du monde ? Non certainement. Il est démontré aujourd'hui que ces espaces sont remplis d'une matière éthérée dont les vibrations constituent la lumière. Tout milieu matériel tend à diminuer les dimensions de l'orbite d'une planète qui le traverse, en sorte que, mathématiquement parlant, si l'on ne parvient pas à trouver une cause compensatrice de cette résistance, il sera établi qu'après un laps de temps suffisant, composé peut-être de plusieurs milliards d'années, la terre ira se réunir au soleil. La recherche de la cause compensatrice, si elle existe, est bien digne de fixer l'attention des géomètres. En tout cas, Poisson aura eu le mérite de démontrer que la catastrophe ne peut dépendre de l'action mutuelle des planètes, même en tenant compte des quantités du quatrième ordre. Il aura établi qu'à ce point de vue, le seul dont Newton et Euler se fussent préoccupés, les géomètres, ses successeurs, liront encore son beau Mémoire dans plusieurs millions d'années.

Poisson avait vingt-sept ans lorsqu'il présenta ce magnifique travail à l'Académie. Vers la fin de 1808, un événement complétement inattendu jeta le monde scientifique dans une surprise enthousiaste. Lagrange se reposait depuis longtemps dans sa gloire. Il assistait assidûment à nos séances, mais sans y proférer un seul mot, il se contentait de donner quelques soins à la réimpression de ses ouvrages, et d'y joindre de savantes notes. Ses nombreux Mémoires, parmi lesquels on n'en citerait pas un de médiocre, insérés dans les recueils académiques de Turin, de Berlin, de Paris, lui donnaient des droits incontestables (et incontestés) au titre de *Premier géomètre de l'Europe*. Chacun disait que de nouvelles publications ne pouvaient que le faire déchoir de ce premier rang qu'il occupait sans partage. Tout à coup, Lagrange sort de sa léthargie, et son réveil est celui du lion. Le 17 août 1808, il lit au Bureau des longitudes, et le lundi suivant 22, à l'Académie des sciences, un des plus admirables Mémoires qu'ait jamais tracés la plume d'un mathématicien. Ce travail était intitulé : *Mémoire sur la théorie des variations des éléments des planètes, et en particulier des variations des grands axes de leurs orbites.*

L'illustre auteur déclare que l'idée de ce travail lui est venue en examinant le beau Mémoire de Poisson dont nous venons de parler ; c'était déjà pour le jeune géomètre un honneur immense. Une circonstance qui n'a été connue qu'à la mort de Lagrange y mit le comble. Le gouvernement ayant fait l'acquisition de ses manuscrits, on trouva parmi ces papiers vénérés une copie du Mémoire de Poisson écrite tout entière de la main de l'incomparable géomètre. Poisson en ressentit une de ces joies vives et pures qui dédommagent amplement des veilles les plus laborieuses.

Quant à moi, le fait que je viens de rapporter me suggère une réflexion générale dont les jeunes mathématiciens pourront tirer quelque parti. Lorsqu'ils verront l'immortel auteur de la *Mécanique analytique* croire ne pouvoir se rendre maître du Mémoire d'un de ses émules qu'en le copiant de sa propre main, ils étendront aux écrits scientifiques ce qui n'avait été jusqu'à présent appliqué qu'aux travaux littéraires. Ils comprendront qu'on n'arrive à faire des mathématiques faciles semblables à celle de Lagrange qu'en travaillant difficilement.

RÉFLEXIONS SUR LE NOMBRE DES TRAVAUX DE POISSON.

Je n'ai jusqu'ici analysé qu'une minime partie des Mémoires de Poisson. On se demandera sans doute comment, durant une vie si courte et consacrée en grande partie au professorat, notre confrère était parvenu à attaquer et à résoudre tant de problèmes. Je répondrai que c'est par la réunion de trois qualités : le génie, l'amour du travail et l'érudition mathématique. Le génie est un don naturel que rien ne peut suppléer, lorsqu'il s'agit de travaux dont la postérité conservera le souvenir ; le génie ne se fait connaître que par de courts éclairs, s'il n'est pas accompagné de la persistance, de la patience sans laquelle aucune œuvre sérieuse n'est conduite à son terme ; enfin, sans la connaissance des découvertes de ses prédécesseurs, on est réduit à tout tirer de son propre fonds, et, dans la courte durée de la vie qui nous est accordée par la nature, on ne peut résoudre qu'un très petit nombre de questions. Si Poisson a été d'une fécondité extraordinaire, c'est qu'il était au courant de ce qui avait été fait avant lui, au courant, par exemple, des immenses travaux des Euler et des d'Alembert ; c'est qu'il ne s'est jamais sottement obstiné à perdre son temps et ses forces à la recherche de ce qui était déjà trouvé.

Que l'exemple de Poisson serve de leçon à ces esprits irréfléchis qui, sous le prétexte de conserver leur originalité, dédaignent de prendre connaissance des découvertes de leurs devanciers, et restent sur les premiers degrés de l'échelle, tandis que, avec moins d'orgueil, ils se seraient élevés au sommet.

CARACTÈRE DE POISSON.

Poisson n'était pas seulement né géomètre ; il était de plus né professeur. Communiquer verbalement à autrui le fruit de ses propres recherches ou les résultats des découvertes des autres mathématiciens, semblait chez lui un véritable besoin. Déjà, à Fontainebleau, les plus habiles camarades de Poisson se réunissaient régulièrement dans sa chambre, où ils recevaient de lumineuses répétitions des leçons de M. Billy. À peine entré à l'École polytechnique, il fut, comme on a vu plus haut, investi des fonctions de répétiteur, et s'en acquitta *con amore,* ainsi que disent nos voisins d'au delà des Alpes. Son zèle ne fit que s'accroître, lorsque, après la retraite de Fourier, il devint professeur titulaire d'analyse.

Nommé, enfin, en 1809, professeur de mécanique rationnelle à la Faculté de Paris, il y a répandu les trésors de sa science pendant trente et une années consécutives.

La qualité principale de Poisson, comme professeur, était une incomparable clarté. Peut-être, en cherchant bien, eût-on trouvé, parmi les prédécesseurs ou les contemporains de notre confrère, des professeurs à l'élocution plus facile, à la phrase plus étudiée, plus élégante, mais on n'en citerait certainement pas dont l'enseignement fut plus profitable à son auditoire. En sortant d'une leçon du célèbre académicien, chaque élève était maître de la matière qui y avait été traitée. Est-il beaucoup de professeurs qui pourraient se flatter d'un pareil succès ?

Poisson avait un genre de mérite dont se dispensent trop souvent ceux-là même qui ne pourraient invoquer pour excuse le rang qu'ils occupent dans la science : l'exactitude. Jamais il ne manqua une leçon, à moins d'être retenu au lit par la maladie ; jamais, tant que sa voix put se faire entendre, il ne confia à un suppléant, j'allais dire à une doublure, la satisfaction d'initier aux mystères de la science la jeunesse studieuse. On pourrait vraiment, en y changeant un seul mot, appliquer à notre confrère les paroles qui terminent l'Éloge d'Euler par Condorcet, et s'écrier : « Tel jour, Poisson cessa de professer et de vivre. »

Poisson s'acquitta avec une égale conscience de la charge d'examinateur. Une fois seulement, il voulut, par délicatesse, se faire remplacer dans l'examen de son fils aîné ; mais les élèves de l'École polytechnique, l'ayant appris, envoyèrent une députation, composée de tous les chefs de salles, pour lui déclarer qu'ils avaient dans son impartialité la plus entière confiance, et le supplier de ne pas se récuser. Poisson, profondément touché de la démarche de cette brillante jeunesse, disait, sans cacher son émotion, qu'il la considérait comme la plus douce, la plus honorable récompense, que les fonctions pénibles dont il avait été investi pendant vingt-cinq ans eussent jamais pu lui procurer.

La conduite de Poisson envers ses parents fut toujours un modèle dans le fond et dans la forme. Son père recevait le premier exemplaire de tous les Mémoires que l'illustre académicien publiait. L'ancien soldat, quoique entièrement étranger aux mathématiques, en faisait sa lecture quotidienne. L'introduction dans laquelle notre confrère présentait l'historique de la question et caractérisait nettement son but, finissait à la longue par disparaître sous le frottement continuel des doigts tournant et retournant les feuillets. La partie centrale des Mémoires où se trouvaient si souvent des signes de différentiation et d'intégration était moins détériorée ; mais, là même, on voyait, par des traces évidentes, que le père était souvent resté en contemplation devant l'œuvre de son fils.

Après la mort de Siméon Poisson, notre confrère reporta toutes ses affections sur sa respectable mère. Il lui écrivait avec une grande régularité. La pauvre femme ne se mettait guère en frais de rédaction dans ses réponses. Ses lettres étaient les copies de celles de son fils, avec un simple changement dans les pronoms. Si Poisson avait écrit « je prépare un Mémoire d'astronomie ; je m'occuperai ensuite de la seconde édition de ma *Mécanique*, etc., » on était certain de trouver dans la réponse datée de Pithiviers : « Tu prépares un Mémoire d'astronomie ; tu t'occuperas ensuite de la seconde édition de ta *Mécanique*, etc. » Dans ces habitudes maternelles, dont Poisson ne faisait pas mystère à ses amis, j'ai trouvé, quant à moi, l'empreinte naïve de l'admiration profonde que la mère professait pour son fils adoré. Elle faisait (la sincérité des sentiments mise à part), elle faisait comme les rédacteurs des réponses des Chambres constitutionnelles aux discours du trône. Je me trompe : les lettres de madame Poisson renfermaient invariablement quelques paroles puisées dans le fond de son âme ; l'expression « tu te portes bien » était suivie de « Dieu soit loué ! » L'indication des travaux entrepris ou projetés de ces cinq mots : « Dieu te soit en aide ! »

Poisson appartenait comme associé, membre ou correspondant, à toutes les grandes académies de l'Europe et de l'Amérique. Il était de petite taille, il avait des traits réguliers, un front large, une tête d'une dimension peu ordinaire. Il avait épousé, en 1817, mademoiselle Nancy de Bardi, orpheline, née en Angleterre de parents français émigrés. Cette union fut heureuse. Poisson a eu quatre enfants, deux filles et deux garçons. Sa fille aînée, qui lui a peu survécu, a été mariée à M. Alfred de Wailly, si connu et si bien apprécié de la jeunesse de nos écoles. Le fils aîné est officier d'artillerie, et s'est déjà fait distinguer en Algérie ; sa seconde fille a récemment épousé le fils d'un colonel de la même arme sorti de l'École polytechnique ; son second fils est employé dans l'administration des finances.

Ces détails pourraient paraître minutieux, si l'on ne songeait qu'il s'agit de la famille d'une des plus grandes illustrations scientifiques de notre pays et de notre siècle.

Pithiviers va élever, par souscription, une statue à la mémoire du plus illustre de ses enfants. L'idée de cette souscription a été bien accueillie dans le département du

Loiret, malgré l'opposition de quelques individus qui ont cherché à tromper le public et à se tromper eux-mêmes sur leur petit nombre par l'activité, l'hypocrisie, le jésuitisme de leurs démarches. Ces hommes, que la gloire d'autrui importune, disaient avoir découvert que Poisson n'était pas retourné une seule fois sous le toit paternel depuis le jour où il se rendit à l'École polytechnique, et ils en tiraient la conséquence que notre confrère n'avait conservé aucune sympathie pour sa ville natale. « Ce n'est pas lui, disaient-ils, qui se serait écrié comme Tancrède, rentrant à Syracuse :

> À tous les cœurs bien nés que la patrie est chère !

Il appartient à ceux qui vécurent dans l'intimité de Poisson de rectifier ces fausses appréciations, appuyées d'ailleurs sur un fait dont l'exactitude ne nous est pas démontrée.

Notre confrère avait en quelque sorte horreur du déplacement ; il ne voyagea qu'une seule fois, et ce fut pour cause de santé ; encore fallut-il lui déguiser les prescriptions du médecin sous le voile d'une mission ayant pour objet ostensible l'examen des candidats à l'École polytechnique.

Ses courses à l'École militaire de Saint-Cyr lui étaient excessivement à charge. Son cabinet, le fauteuil où il méditait, la petite table sur laquelle il écrivait ses Mémoires, étaient toute sa vie. L'été, il faisait après dîner quelques courtes promenades dans la grande avenue qui joint le palais du Luxembourg à l'Observatoire. On a remarqué que ses déménagements étaient toujours circonscrits dans un espace très-resserré ; enfin, nous donnerons l'idée la plus étrange peut-être de son goût casanier, en disant qu'ayant consacré ses économies à l'achat d'une très-belle ferme située dans le département de Seine-et-Marne (Brie), il n'alla jamais la visiter.

Quant au souvenir de Pithiviers, il était toujours présent à sa pensée, et vibrait dans son cœur. Ceux-là en avaient fait la remarque qui ayant à le solliciter, et voulant le mettre en bonne humeur, ne manquaient pas de mentionner avec éloges les produits culinaires par lesquels cette ville est devenue célèbre, et même le safran qu'on recueille dans les campagnes environnantes. Je me rappelle un trait qui seul démontrerait quel attachement Poisson avait voué à la ville qui le vit naître.

Lorsque dans nos réunions scientifiques on était amené à parler des excellentes observations de toute nature que Duhamel du Monceau avait faites à Denainvilliers, observations agricoles, de sylviculture, et de météorologie, Poisson ne manquait jamais de dire : « Vous remarquerez, Messieurs, que Denainvilliers est comme la banlieue de Pithiviers. »

Ainsi, par le talent comme par le cœur, quoi qu'on en ait dit, Poisson était bien digne du monument que ses compatriotes vont lui consacrer !

MORT DE POISSON.

Poisson mourut le 25 avril 1840, à cinq heures du matin, dans sa cinquante-neuvième année, entouré des soins incessants et tendres d'une famille qui l'adorait. Ce triste événement aurait sans doute pu être retardé si notre confrère avait montré plus de déférence pour les prescriptions de la médecine et les prières de l'amitié ; s'il eût consenti à s'interdire pendant quelque temps toute contention d'esprit. Mais pouvait-on obtenir quelque concession à ce sujet, de celui qui avait l'habitude de dire : « La vie n'est bonne qu'à deux choses : à faire des mathématiques et à les professer. » Poisson d'ailleurs, avait conçu la pensée qui le dominait entièrement, de léguer à son pays un traité complet de physique mathématique, et il voyait avec chagrin l'immensité des questions qu'il avait encore à traiter, et le peu de jours dont il pourrait disposer pour achever son œuvre.

Le nombreux concours de personnes de toutes les opinions qui accompagna les restes inanimés de notre confrère jusqu'à leur dernière demeure, montra avec une entière évidence que les déchirements politiques dont la France a été le théâtre pendant plus d'un demi-siècle, y ont laissé heureusement intact le culte du génie.

POISSON CONSIDÉRÉ COMME HOMME PUBLIC.

Si j'en croyais certains esprits craintifs, méticuleux, j'arrêterais ici le tableau de la vie de Poisson. À quoi bon, s'écrient-ils, raconter la très-petite part que notre confrère a prise aux événements prodigieux qui se sont accomplis en France pendant la durée de sa vie ? La postérité s'attachera à enregistrer les découvertes dont il a enrichi la physique mathématique et les théories astronomiques ; elle ne prendra nul souci de ses opinions touchant les révolutions contemporaines, de ses répugnances, de ses sympathies.

Ces considérations, toutes spécieuses qu'elles puissent paraître, ne m'ont pas détourné de mon but ; les hommes d'élite doivent être envisagés sous tous les aspects possibles ; il importe à l'histoire de l'intelligence humaine de constater si, comme tant de gens le supposent, le même individu peut être un homme de génie sur un objet spécial et un homme ordinaire sur tous les autres objets.

C'est aussi une recherche très-digne d'intérêt que celle de savoir si les sciences ont le triste privilége de rendre ceux qui les cultivent avec distinction, étrangers aux sentiments qui font le bonheur des autres hommes et indifférents aux révolutions opérées dans l'ordre politique et dans l'ordre moral, à ces changements qui exercent tant d'influence sur les destinées de l'humanité. Pour tout dire en un seul mot, je ne saurais comprendre que des détails, qu'on lirait avec plaisir dans la biographie d'un homme médiocre, fussent déplacés dans celle d'un homme supérieur.

Pour moi, je l'avoue franchement, j'ai appris avec un vif intérêt d'un savant éminent qui va publier la vie de Newton d'après des documents autographes et authentiques, qu'il existe, quoi qu'on en ait dit, des lettres d'amour signées de cet immortel géomètre. J'ai appris aussi avec une égale satisfaction, de la bouche d'un ancien chancelier d'Angleterre, que l'illustre auteur de la *Philosophie naturelle et de l'optique* avait fait ses préparatifs, qu'une circonstance fortuite rendit inutiles, pour aller combattre, en faveur de la liberté de conscience, dans les rangs des religionnaires des Cévennes, les dragons du maréchal de Villars. Ces considérations bien comprises, je passe sans scrupule à de nouveaux détails sur la vie privée et publique de Poisson. Il n'est d'ailleurs pas impossible que chemin faisant je trouve l'occasion de réfuter quelque méchante calomnie.

Le père du grand géomètre avait fait comme simple soldat la campagne de Hanôvre ; il eut beaucoup à souffrir dans ce temps de la hauteur, de la morgue de ses chefs. Leurs mauvais procédés lui devinrent enfin si insupportables qu'il déserta ; aussi applaudit-il avec enthousiasme à l'abolition des privilèges nobiliaires prononcée en 1789 par l'Assemblée nationale. Plus tard, nous le trouvons à Pithiviers, chef des autorités révolutionnaires ; à ce titre il recevait *le Moniteur*. Ce journal était la lecture quotidienne du futur géomètre. Vous savez maintenant comment notre confrère était devenu le répertoire vivant et fidèle de tous les événements de l'ordre militaire et de l'ordre civil qui marquèrent notre première Révolution. Vous savez aussi sous quelles influences se développèrent en lui les sentiments démocratiques qu'il professa publiquement dans sa jeunesse.

Les opinions de l'École polytechnique éprouvèrent diverses transformations suivant les circonstances extérieures. Lorsque Poisson y entra, elle était franchement républicaine. Autour de l'École, foyer de lumière, s'était groupé un certain nombre de personnes qu'on pouvait à bon droit appeler des socialistes, car leurs réflexions, leurs études, leurs systèmes, ne tendaient à rien moins qu'à une transformation radicale de la société. Au nombre de ces personnes, je citerai Clouet, Ferry, Champy et Saint-Simon, qui commençait déjà à devenir fameux par ses excentricités. Le bon sens précoce de Poisson lui fit adopter théoriquement tous les principes de la nouvelle École qui étaient conformes à la raison, et semblaient réalisables dans un temps plus ou moins éloigné, sans ébranler les deux pierres angulaires de la civilisation moderne : la propriété et la famille. Il repoussa en même temps du pied les momeries qui plus tard jetèrent tant de ridicule sur cette même École arrivée à son dernier degré de développement. Toutefois, les adeptes de Clouet et de Saint-Simon, suivant en cela un des préceptes du Coran, ayant décidé que chaque homme devait pratiquer un métier manuel, qui tailleur, qui cordonnier, qui menuisier, etc., Poisson fut appelé à faire un choix, et adopta le métier de coiffeur ; mais les éclats de rire qui l'accueillirent lorsqu'il se présenta à l'École, après avoir exercé son art sur ses propres cheveux, lui apprirent que le peigne et les ciseaux ne figureraient pas mieux dans ses mains que la lancette à laquelle, comme on l'a vu, il fut obligé de renoncer à Fontainebleau.

Les sentiments républicains de Poisson avaient toute leur vivacité, lorsque l'École polytechnique fut appelée en 1804 à se prononcer sur la transformation du gouvernement consulaire en gouvernement impérial. C'était chez Poisson, déjà professeur, que les élèves allaient prendre le mot d'ordre et organiser leur résistance. On a parlé à cette occasion de Bertrand et Raton. Cette assimilation est injuste ; il ne dépendait pas, en effet, de Poisson, que les élèves officiellement consultés eussent été seuls mis en scène, que seuls ils fussent exposés à se brûler les doigts en tirant les marrons du feu.

Poisson et sa société intime, dans laquelle on comptait plusieurs étrangers, manifestaient quelquefois leur opposition à l'empereur par des actes qu'on pourrait sans scrupule taxer de puérils. Par exemple, le jour du couronnement, ils commandèrent un déjeuner chez un restaurateur sous les fenêtres duquel devait passer le cortège se rendant à Notre-Dame. Il racontait le lendemain avec la satisfaction que commande toujours une action noblement accomplie, qu'aucun des convives ne s'était dérangé pour voir ni la voiture impériale, ni les magnifiques troupes qui l'escortaient, ni le carrosse du pape, ni l'entourage, si nouveau à Paris, de cardinaux et de nombreux prélats.

Les sociétés dans lesquelles le mérite éminent du jeune géomètre l'avait fait accueillir, celles de Lafayette, de Cabanis, fortifiaient les sentiments républicains dont il avait été nourri sous le toit paternel. C'est chez Cabanis que Poisson recueillit cette conversation, qu'il se plaisait à reproduire comme un exemple d'une mâle et rude franchise, sinon comme un modèle d'atticisme.

« Napoléon. — Pourquoi ne venez-vous plus me voir, Cabanis ? Vous savez tout le plaisir que je prenais à votre conversation.

Cabanis. — Je ne viens pas, Sire, parce que, sauf quelques exceptions, vous êtes maintenant mal entouré.

Napoléon. — Que voulez-vous dire ? Je ne vous comprends pas.

Cabanis. — Je voulais dire que le pouvoir est un aimant qui attire l'ordure. »

Un entretien qui débutait ainsi ne pouvait naturellement pas se prolonger.

L'antipathie de Poisson pour Napoléon se conserva pendant les prospérités de l'Empire. Les événements de 1812, de 1813 et de 1814 n'étaient pas faits pour l'affaiblir. « Voilà, disait-il, que de victoire en victoire on est venu, chose inouïe, à se battre aux portes de Paris. » Il ne méconnaissait pas ce qu'il y avait d'héroïque dans une poignée de soldats combattant contre les armées de l'Europe coalisée. Mais, à n'envisager que le résultat, cette suite de guerres devait avoir pour effet, et c'était le trait dominant qui le frappait, de nous faire perdre les pays que les armées républicaines avaient ajoutés à la France de Louis XIV.

Tout le monde concevra la faveur dont la Restauration dut entourer un homme du mérite de Poisson, qui était animé de pareils sentiments contre le gouvernement impérial. Les Cent-Jours ravivèrent chez Poisson toutes ses anciennes antipathies. Il voulut même s'enrôler dans les volontaires royaux ; mais quelques amis moins ardents lui firent remarquer que sa mauvaise santé lui interdisait cet acte de dévouement, et que, s'il partait, il mourrait dans un fossé, au bord de la route, à peu de distance de Paris. Ces conseils produisirent leur effet.

La seconde Restauration, reconnaissante envers Poisson de son opposition constante au gouvernement de Napoléon, le combla de faveurs ; elle ne lui demanda d'ailleurs aucun compte de l'origine de cette désaffection ni de son scepticisme bien connu sur les articles de foi ou de dogme. Un sentiment commun de haine pour Napoléon fut le lien qui le rattacha aux principaux fonctionnaires de l'époque, et particulièrement à M. Frayssinous, grand-maître de l'Université. Je n'oserais pas toutefois assurer que, par la fréquentation habituelle et amicale des ministres de Louis XVIII, Poisson ne se fût persuadé à la longue, sans trop y réfléchir, que ses opinions anciennes avaient touché par quelques points aux principes de la légitimité.

Vers cette époque, il eut la douleur de tomber souvent au sort, en même temps que d'anciens élèves de l'École polytechnique, ses camarades, pour figurer parmi les jurés appelés à prononcer sur des procès politiques. Poisson avait trop étudié le calcul des probabilités pour regarder ces désignations répétées comme le simple effet du hasard ; peut-être eut-il le tort de ne pas s'en plaindre hautement. Je me hâte d'ajouter que du moins, en prononçant son verdict, il obéit toujours aux inspirations de sa conscience. Dans une affaire, par exemple, où l'autorité s'attendait à une condamnation capitale, celle de l'officier de cavalerie Gravier, prévenu d'avoir fait partir un pétard sous la galerie occupée par la duchesse de Berry enceinte, le vote de Poisson fut pour l'acquittement.

L'illustre académicien fut nommé baron en 1825, mais il ne prit jamais ce titre et refusa même de retirer le diplôme. Quand la révolution de Juillet éclata, Poisson fut menacé de perdre toutes les positions qu'il avait conquises par son talent et à la sueur de son front. Les avocats avaient remarqué la trop fréquente apparition de son nom dans les listes des jurés appelés à statuer sur certaines affaires et lui en faisaient un crime, comme si lui-même avait été chargé de procéder au tirage, soit à la préfecture, soit à la cour royale ; l'un d'entre eux surtout, appelé depuis à occuper les positions les plus élevées, le poursuivait avec un acharnement extrême ; fortifié des rancunes haineuses mal déguisées de quelques membres très-médiocres de l'Université, il avait obtenu du ministre, placé alors à la tête du corps enseignant, qu'une demande de révocation de Poisson comme membre du conseil de l'instruction publique serait portée au conseil des ministres.

Un académien[1] auquel la famille royale accordait une bienveillance toute particulière, parvint à épargner à Poisson une disgrâce que rien n'aurait pu justifier, et à la révolution de Juillet une hideuse flétrissure. Ayant entendu, à la dérobée, quelques paroles d'où il paraissait résulter qu'il serait statué sur la demande de révocation, dans la séance du conseil des ministres qui devait se tenir un mercredi soir, l'ami de Poisson lui fit adresser une invitation à dîner pour le même jour.

Notre confrère, ignorant alors ce qui se passait, arriva au Palais-Royal le mercredi, à six heures. Louis-Philippe, reconnaissant le conseiller de l'Université qui avait présidé mainte fois à la distribution des prix du collége Henri IV, et donné des couronnes à ses enfants, le prit affectueusement par les mains, lui témoigna hautement tout le plaisir qu'il éprouvait à le recevoir. Cet accueil fait à Poisson, en présence des ministres, rendait impossible la demande projetée de révocation.

Quelques années après, en 1837, Poisson fut nommé membre de la Chambre des pairs, comme le représentant de la géométrie dans notre pays. Pair de France, il se vit entouré des prévenances et des obséquiosités de ceux-là même qui s'étaient montrés les plus ardents à le persécuter peu de jours après la révolution de Juillet.

En 1830, Poisson s'était peu ému des haines gratuites dont il faillit être la victime ; en 1837, il ne tint pas plus de compte de ce retour apparent à de bons sentiments.

Mettons, en effet, de côté le père de famille menacé dans l'avenir de ses enfants, et demandons-nous en quoi ses persécuteurs pouvaient l'atteindre. Ces hommes investis des titres administratifs et nobiliaires les plus pompeux, par quels travaux, par quels services, par quels talents s'étaient-ils illustrés ? N'étaient-ils pas alors, ne sont-ils pas, s'ils vivent encore, destinés à disparaître tout entiers sous les premières pelletées de terre jetées dans leur tombe. Qu'y avait-il de commun entre des individus condamnés à un éternel oubli et celui dont le souvenir devait vivre à jamais ?

« Je suis vieux, dit un jour Lagrange à Poisson. Pendant mes longues insomnies, je me distrais en faisant des rapprochements numériques. Retenez celui-ci, il peut vous intéresser :

« Huygens avait treize ans de plus que Newton ; j'ai treize ans de plus que Laplace. D'Alembert avait trente deux ans de plus que Laplace ; Laplace a trente-deux ans de plus que vous. » Conçoit-on une manière plus délicate d'introduire Poisson dans la famille des grands géomètres ? Au reste, personne ne le niera : lorsque l'auteur de la *Mécanique analytique* assignait à Poisson une place parmi les Huygens, les Newton, les d'Alembert, les Laplace, il lui décernait un brevet d'immortalité devant lequel toutes les persécutions entées sur les haines des partis devaient disparaître, comme le léger brouillard du matin sous l'action des premiers rayons du soleil levant.

1. ↑ M. Arago.

CATALOGUE

DES TRAVAUX LAISSÉS PAR POISSON

RÉDIGÉ PAR LUI-MÊME.

LISTE DE MES ÉCRITS IMPRIMÉS.
I. *Journal de l'École polytechnique.*

1. Additions à un Mémoire sur l'application de l'algèbre à la géométrie (Hachette et Poisson, 5e cahier).

2. Mémoire sur la pluralité des intégrales dans le calcul des différences (11e cahier, 8 décembre 1800).

3. Mémoire sur l'élimination dans les équations algébriques, (11e cahier).

4. Note sur les équations primitives singulières (12{e}} cahier, page 239).

5. Mémoire sur les solutions particulières des équations différentielles et des équations aux différences, et additions à ce Mémoire, (13e cahier).

6. Mémoire sur les équations aux différences mêlées (13{ᵉ cahier).

7. Extrait de mes leçons sur les points singuliers (14ᵉ cahier).

8. Mémoire sur les oscillations du pendule dans un milieu résistant, et ayant égard à l'extensibilité du fil (14ᵉ cahier).

9. Mémoire sur la théorie du son (14ᵉ cahier).

10. Mémoire sur les inégalités des moyens mouvements des planètes (15ᵉ cahier).

11. Mémoire sur le mouvement de rotation de la terre (15ᵉ cahier).

12. Mémoire sur la variation des constantes arbitraires dans les questions de mécanique (15ᵉ cahier).

13. Addition au Mémoire sur le pendule, imprimé dans le cahier précédent (15ᵉ cahier).

14. Mémoire sur les intégrales définies (16ᵉ cahier).

15. Mémoire sur un cas particulier du mouvement de rotation des corps pesants (16ᵉ cahier).

16. Suite du Mémoire sur les intégrales définies (17ᵉ cahier).

17. Suite du Mémoire sur les intégrales définies (18ᵉ cahier).

18. Mémoire sur la manière d'exprimer les fonctions par des séries de quantités périodiques, et sur l'usage de cette

transformation dans la solution de différents problèmes (18ᵉ cahier).

19. Mémoire sur la distribution de la chaleur dans les corps solides (19ᵉ cahier).

20. Addition au Mémoire précédent et au Mémoire sur la manière d'exprimer les fonctions par des séries de quantités périodiques (19ᵉ cahier).

21. Mémoire sur l'intégration des équations linéaires aux différences partielles (19ᵉ cahier).

22. Second Mémoire sur la distribution de la chaleur dans les corps solides (19ᵉ cahier).

23. Suite du Mémoire sur les intégrales définies et sur la sommation des séries (19ᵉ cahier).

24. Mémoire sur les équations générales de l'équilibre et du mouvement des corps solides élastiques et des fluides (20ᵉ cahier).

25. Suite du Mémoire sur les intégrales définies et sur la sommation des séries (20ᵉ cahier).

26. Formules relatives au mouvement du boulet dans l'intérieur du canon, extraites des manuscrits de Lagrange (21ᵉ cahier).

27. Mémoire sur la courbure des surfaces (21ᵉ cahier).

28. Mémoire sur le mouvement des projectiles dans l'air, en ayant égard à la rotation de la terre (26ᵉ cahier).

29. Mémoire sur le mouvement des projectiles dans l'air, en ayant égard à leur rotation (26ᵉ cahier).

30. Second Mémoire sur le même sujet (26ᵉ cahier).

31. Addition au chapitre ɪɴ du premier Mémoire (27ᵉ cahier).

II. *Bulletin de la Société philomatique.*

1. Extrait d'un Mémoire sur les substances minérales que l'on suppose tombées du ciel. (Cet extrait de mon Mémoire est fait par M. Biot) Pluviôse an ɪɪ.

2. Extrait d'un Mémoire sur les questions *de maximis* et *minimis* relatives aux intégrales. Messidor an xɪɪ.

3. Remarques sur les intégrales des équations aux différences partielles. Thermidor an xɪɪ.

4. Extrait de mon Mémoire sur la théorie du son. Octobre 1807. 5. Annonce des éléments d'une comète, calculés par M. Bouvard. Novembre 1807.

6. Extrait d'un Mémoire de M. Malus sur l'optique. Décembre 1807.

7. Compte-rendu des expériences de M. Biot sur la production du son dans les vapeurs. Janvier 1808.

8. Compte-rendu d'un Mémoire de M. Malus sur le pouvoir réfringent des corps opaques. Janvier 1808.

9. Annonce des éléments de la planète Vesta, déterminés par M. Burckhardt Janvier 1808.

10. Extrait du Mémoire de M. Fourier sur la propagation de la chaleur dans les corps solides. Mars 1808.

11. Annonce de la seconde édition du traité de la résolution des équations numériques de Lagrange. Juin 1808.

12. Extrait d'un Mémoire de M. de Humboldt sur les réfractions astronomiques dans la zone torride. Juin 1808.

13. Extrait de mon Mémoire sur les inégalités séculaires des moyens mouvements des planètes. Août 1808.

lu. Extrait du supplément au troisième volume de Mécanique céleste. Octobre 1808.

15. Annonce des tables de Saturne et Jupiter, et des tables écliptiques des satellites de Jupiter, publiées par le Bureau des longitudes. Octobre 1808.

16. Extrait d'un Mémoire de M. Biot sur les réfractions extraordinaires qui s'observent très-près de l'horizon. Décembre 1808.

17. Annonce de la seconde édition de l'Essai sur la théorie des nombres de M. Legendre. Décembre 1808.

18. Extrait d'un Mémoire de Lagrange sur la théorie des variations des éléments des planètes. Janvier 1809.

19. Extrait d'un Mémoire de M. Ramond sur la mesure des hauteurs à l'aide du baromètre. Février 1809.

20. Annonce d'un Mémoire de M. Lagrange sur la théorie de la variation des constantes arbitraires dans tous les problèmes de mécanique. Avril 1809.

21. Extrait de mon Mémoire sur le mouvement de rotation de la terre. Avril 1809.

22. Extrait d'un Mémoire de M. Malus sur les phénomènes qui dépendent des formes des molécules de la lumière. (Cet extrait et celui des Mémoires de M. Ramond m'ont été communiqués par les auteurs.) Mai et juin 1809.

23. Extrait du Mémoire de M. Lagrange sur la théorie générale de la variation des constantes arbitraires, annoncé ci-dessus. Août 1809.

24. Extrait de mon premier Mémoire sur la variation des constantes arbitraires. Octobre 1809.

25. Extrait du second Mémoire de M. Lagrange sur la théorie générale de la variation des constantes arbitraires. Avril 1810.

26. Extrait d'un Mémoire de M. Laplace sur les approximations des formules qui sont fonctions de très-grands nombres. Août 1810.

27. Mémoire sur les intégrales définies. Mars 1811.

28. Extrait d'un Mémoire de M. Laplace sur les intégrales définies. Avril 1811.

29. Extrait d'un Mémoire de M. Binet sur la théorie des moments d'inertie des corps. Juillet 1811.

30. Extrait d'un Mémoire de M. Laplace sur les fonctions génératrices, les intégrales définies et leur application au calcul des probabilités. Octobre 1811.

31. Sur les intégrales définies. Novembre 1811.

32. Annonce de mon premier Mémoire sur la distribution de l'électricité à la surface des corps conducteurs. Avril 1812.

33. Extrait du Mémoire de M. Cauchy sur l'égalité des polyèdres composés des mêmes faces. Avril 1812.

34. Solution analytique du problème d'une sphère qui en touche quatre autres. Septembre 1812.

35. Annonce des éléments d'une comète, calculés par MM. Bouvard et Nicollet Septembre 1812.

36. Extrait de mon premier Mémoire sur la distribution de l'électricité à la surface des corps conducteurs, annoncé ci-dessus. Octobre 1812.

37. Annonce de la théorie analytique des probabilités de M. Laplace. Octobre 1812.

38. Extrait du Mémoire de M. Ivory sur l'attraction des ellipsoïdes homogènes. Novembre 1812.

39. Addition à l'article précédent» Janvier 1813.

40. Annonce des tables de la lune de M. Burckhardt. Février 1813.

41. Annonce des développements de géométrie analytique de M. Dupin. Mars 1813.

42. Annonce de la seconde édition de la Théorie des fonctions analytiques. Mars 1813,

43. Annonce de la quatrième édition de l'Exposition du système du monde. Mai 1813.

44 Extrait de mon second Mémoire sur la distribution de l'électricité à la surface des corps conducteurs. Octobre 1813.

45. Remarques sur une équation qui se présente dans la théorie des attractions des sphéroïdes. Décembre 1813. 46. Extrait de mon Mémoire sur les surfaces élastiques. 1814, page 47.

47. Annonce du 16e cahier du Journal de l'École polytechnique. 1814, page 65.

48. Extrait des Mémoires de M. Cauchy sur la détermination des nombres de racines réelles dans les équations algébriques. 1814, page 95.

49. Extrait d'un Mémoire de M. Ampère sur l'intégration des équations aux différences partielles. 1814, page 107.

50. Note sur la chaleur rayonnante. 1814, page 142.

51. Annonce de la seconde édition de la théorie analytique des probabilités. 1814, page 56.

52. Extrait d'un Mémoire de M. Ampère sur les équations aux différences partielles. 1814, page 163.

53. Extrait d'un Mémoire de M. Cauchy sur les intégrales définies. 1814, page 185.

54. Extrait d'un rapport sur l'élévation de l'eau de la Seine à Marly. 1815, page 8.

55. Extrait d'un Mémoire de M. Dubourguet sur la réalité et les signes des racines des équations. 1815, page 14.

56. Extrait d'un Mémoire de M. Rodrigue sur quelques propriétés des intégrales doubles et des rayons de courbure des surfaces. 1815, page 34.

57. Extrait d'un Mémoire de M. Ampère sur un théorème relatif à la double réfraction. 1815, page 59.

58. Extrait de mon premier Mémoire sur la distribution de la chaleur dans les corps solides. 1815, page 83.

59. Remarque relative à ma Note sur la chaleur rayonnante, cidessus citée. 1815, page 95.

60. Annonce du 17* cahier du Journal de l'École polytechnique. 1815, page 97.

61. Annonce des éléments elliptiques d'une comète dont la révolution serait d'environ soixante-quatorze ans. 1815, page 162.

62. Extrait de mon premier Mémoire sur la théorie des ondes. 1815, page 162.

63. Note sur une difficulté relative à l'intégration des équations aux différences partielles du premier ordre. 1815, page 183.

64. Addition à l'article ci-dessus cité (n° 58) sur la distribution de la chaleur dans les corps solides. 1816, page 11.

65. Extrait d'un Mémoire de MM. Bouvard et Nicollet sur la libration de la lune. 1816, page 13.

66. Extrait d'un Mémoire de M. Pouillet sur les anneaux colorés. 1816, page 25.

67. Note sur les calculs des variations, relativement aux intégrales multiples. 1816, page 82.

68. Note sur une propriété des équations générales du mouvement. 1816, page 109.

69. Extrait de mon second Mémoire sur la variation des constantes arbitraires. 1816, page 140.

70. Annonce du supplément à la théorie analytique des probabilités. 1816, page 152.

71. Note relative à un Mémoire de M. Laplace sur la longueur du pendule à secondes. 1816, page 172.

72. Extrait d'un Mémoire de M. Laplace sur la transmission du son à travers les corps solides. 1816, page 190.

73. Extrait de mon second Mémoire sur la théorie des ondes. 1817, page 83.

74. Annonce de l'essai historique de M. Gauthier de Genève, sur le problème des trois corps. 1817, page 156.

75. Note sur la forme des intégrales des équations aux différences partielles. 1817, page 180.

76. Addition à l'article sur le pendule à secondes, ci-dessus cité (n°71). 1817, page 193..

77. Remarque relative à une note de M. Cauchy sur l'intégration d'une classe particulière d'équations différentielles. 1818, page 19.

78. Extrait de mon Mémoire sur le mouvement des fluides élastiques dans des tuyaux cylindriques. 1808, page

43.

79. Remarques sur un rapport qui existe entre la propagation des ondes à la surface de l'eau et leur propagation dans une plaque élastique. 1818, p. 97.

80. Note sur l'intégration de l'équation relative aux vibrations des plaques élastiques. 1818, page 126.

81. Extrait de mon Mémoire sur la théorie des instruments à vent. 1819, page 28.

82. Note sur le mouvement d'un système de corps en supposant les masses variables. 1819, page 60.

83. Note sur l'invariabilité du jour moyen. 1819, page 100.

84. Extrait de mon Mémoire sur l'intégration de plusieurs équations linéaires aux différences partielles. 1819, page 113.

85. Annonce du 18'cahier du Journal de l'École polytechnique. 1820, page 9.

86. Extrait de mon Mémoire sur l'avantage du banquier au jeu du trente et quarante. 1820, page 22.

87. Annonce du jugement de l'Académie sur le prix relatif aux tables de la lune. 1820, page 25.

88. Second extrait de mon premier Mémoire sur la distribution de la chaleur dans les corps solides. 1820, page 92.

89. Extrait de mon second Mémoire sur le même sujet. 1820 ou 1821, page 177.

90. Remarques sur les intégrales des équations aux différences partielles. 1822, page 81.

91. Extrait d'un Mémoire sur les intégrales définies et sur la sommation des séries. 1822, page 134.

92. Mémoire sur la distribution de l'électricité dans une sphère creuse électrisée par influence. 1824, page 49.

93. Note sur les surfaces développables. 1825, page 145.

94. Solution d'un problème relatif au magnétisme terrestre, avec un préambule. 1825, page 192 ; et 1826, page 19.

95. Extrait de mon Mémoire sur la théorie du magnétisme en mouvement. 1826, pages 115 et 132.

96. Annonce de mon Mémoire sur l'attraction des sphéroïdes. 1826, p. 130.

97. Note sur les racines des équations transcendantes. 1826 page 145.

98. Extrait de mon Mémoire sur le calcul numérique des intégrales définies. 1826, page 161.

III. *Correspondance sur l'École polytechnique.*

1. Démonstration du théorème de Taylor. Tome Ier, page 52.

2. Conditions d'équilibre des corps solides. Tome Ier, page 133.

3. Note sur les surfaces du second degré. Tome Ier, page 237.

4. Note sur le mouvement d'un liquide pesant, dans l'hypothèse du parallélisme des tranches. Tome Ier, page 289.

5. Démonstration du parallélogramme des forces (rédaction de Petit). Tome Ier, page 356.

6. Note sur différentes propriétés des projections. T. Ier, p. 389.

7. Application du théorème de Taylor au développement des fonctions. Tome II, page 81.

8. Note sur les développements des puissances des sinus et cosinus, en série de sinus et cosinus d'arcs multiples. Tome II, page 212.

9. Remarque sur une classe particulière d'équations aux différences partielles. Tome II, page 410.

10. Préambule de mon premier Mémoire sur la distribution de l'électricité à la surface des corps conducteurs. Tome II, page 468.

11. Préambule de mon second Mémoire sur le même sujet Tome III, page 63.

12. Extrait de mon Mémoire sur les surfaces élastiques. Tome III, page 154.

13. Note sur une difficulté relative à la rectification des courbes. Tome III, page 23.

14. Noto sur la chaleur rayonnante (déjà citée). Tome III, p. 243.

15. Sur l'écoulement de l'eau dans un cylindre vertical. Tome III, page 284.

16. Note sur une difficulté relative à l'intégration des équations aux différences partielles du premier ordre (déjà citée). Tome III, page 291.

17. Sur les lignes élastiques à double courbure. Tome III, page 355.

18. Rapport sur un Mémoire de M. Hachette, relatif à l'écoulement des fluides par des orifices en minces parois, et par des ajutages appliqués à ces orifices. Tome III, page 395.

IV. *Journal de M. Férussac.*

(Je n'indiquerai pas les comptes-rendus et citations des rédacteurs.)

1. Mémoire sur la distribution de l'électricité dans une sphère creuse (déjà cité). Tome II, page 137.

1 *bis*. Observations relatives au développement des puissances de sinus et de cosinus, en série de sinus ou de cosinus d'angles multiples. Tome IV, page 143.

2. Addition à l'article précédent Tome IV, page 344.

3. Sur le frottement des corps qui tournent Tome VI, page 161.

4. Note sur la composition des mouvements. Tome VII, page 357.

5. Addition à la note précédente. Tome VIII, page 338.

6. Note sur les vibrations des corps sonores. Tome IX, page 27.

7. Extrait de mon Mémoire sur plusieurs points de la mécanique céleste. Tome IX, page 358.

8. Note sur le plan invariable. Tome IX, page 361.

9. Note relative à l'extrait d'un Mémoire de M. Fourier. Tome XI, page 163.

10. Extrait de mon Mémoire sur la probabilité des résultats moyens des observations. Tome XI, page 335.

11. Rapport sur l'ouvrage de M. Jacobi, avec une note. Tome XIII, page 249.

12. Note sur la probabilité du résultat moyen des observations. Tome XIII, page 266.

13. Préambule de mon Mémoire sur les mouvements simultanés du pendule et de l'air environnant. Tome XV, page 65.

V. *Journal de M. Gergonne.*

1. Mémoire sur l'avantage du banquier au jeu de trente et quarante. Tome XVI, décembre 1825.

2. Mémoire sur les petites oscillations de l'eau contenue dans un cylindre. Tome XIX, février 1829.

VI. *Journal de M. Crelle.*

1. Préambule de ma nouvelle théorie de l'action capillaire. Tome VII, page 170.

2. Mémoire sur la courbure des surfaces (déjà cité). Tome VIII, page 280.

3. Note sur la surface dont l'aire est un minimum entre des limites données. Tome VIII, page 361.

4. Discours prononcé aux funérailles de M. Legendre. Tome X, page 360.

5. Rapport sur deux Mémoires de M. Liouville. Tome X, page 342.

6. Théorèmes relatifs aux intégrales des fonctions algébriques. Tome XII, page 89.

7. Préambule de ma théorie mathématique de la chaleur. Tome XII, page 258.

8. Rapport sur un Mémoire de M. Liouville. Tome XV, page 39.

9. Rapport sur un ouvrage manuscrit de M. Ostrograski, intitulé : Cours de mécanique céleste. Tome VII, page 97.

VII. *Connaissance des temps.*

1. Sur les oscillations du pendule composé. 1819, page 332.

2. Sur la libration de la lune. 1821, page 219.

3. Sur le problème de la précession des équinoxes. 1821, page 259.

4. Addition au Mémoire sur la libration de la lune. 1822, p. 280.

5. Sur une nouvelle manière d'exprimer les coordinations des planètes dans le mouvement elliptique. 1827, page 379.

6. Sur la distribution de la chaleur dans un anneau, lorsque la température du lieu où il est placé varie d'un point à un autre. 1826, page 248.

7. Sur la vitesse du son. 1826, page 257.

8. Sur la probabilité des résultats moyens des observations. 1827, page 273.

9. Sur la température des différents points de la terre, particulièrement près de la surface.

10. Solution d'un problème relatif au magnétisme terrestre (déjà cité). 1828, page 322.

11. Rapport sur le Mémoire de M. Damoiseau, relatif à la comète à courte période. 1827, page 227.

12. Mémoire sur l'attraction des sphéroïdes. 1829, page 329.

13. Discours prononcé aux obsèques de M. Laplace, avec une note. 1830, page 19.

14. Préambule de mon Mémoire sur le mouvement de la terre autour de son centre de gravité, avec une note. 1830, page 23.

15. Mémoire sur plusieurs points de la mécanique céleste. 1831, page 23.

16. Additions au Mémoire sur l'attraction des sphéroïdes (cité). 1831, page 49.

17. Note relative au Mémoire sur plusieurs points de la mécanique céleste. 1831, page 264.

18. Suite du Mémoire sur la probabilité des résultats moyens des observations, ci-dessus cité (n° 8). 1832, page 3.

19. Rapport sur un Mémoire de M. de Pontécoulant, relatif à la partie des grandes inégalités de Saturne et Jupiter, dépendante du carré des masses. 1832, page 22.

20. Addition au Mémoire sur plusieurs points de la mécanique céleste, ci-dessus cité. 1832, page 94.

21. Mémoire sur l'influence réciproque de deux pendules voisins. 1833, page 3.

22. Mémoire sur le pendule de Borda. 1833, page 41.

23. Mémoire sur le mouvement du pendule dans un milieu résistant. 1834, page 18.

24. Mémoire sur les mouvements simultanés d'un pendule et de l'air environnant (déjà imprimé dans les

volumes de l'Académie). 1834, page 33.

25. Sur le développement des coordonnées d'une planète dans son mouvement elliptique, et de la fonction perturbatrice de ce mouvement. 1836, page 3.

26. Sur la stabilité du système planétaire. 1836, page 31.

27. Extrait de mon Mémoire sur le mouvement de la lune autour de la terre, avec une note sur la masse de Jupiter. 1836, page 56.

28. Mémoire sur la précession des équinoxes dans l'hypothèse d'une très-petite obliquité de l'écliptique, et spécialement d'une vitesse initiale de rotation égale à zéro. 1837, page 3.

29. Note sur l'attraction d'un ellipsoïde hétérogène. 1837, p. 93.

30. Mémoire sur les déviations de la boussole, produites par le fer des vaisseaux. 1841, page 117. Déjà imprimé dans le tome XVI de l'Académie.

VIII. *Annales de chimie et de physique.*

1. Extrait de mes recherches sur la théorie des ondes. Tome V, page 122.

2. Extrait de mon Mémoire sur le mouvement des fluides élastiques dans un tuyau cylindrique, et Expériences de M. Biot Tome VII, p. 288.

3. Extrait de mon Mémoire sur la théorie des instruments à vent Tome X, page 129.

4. Extrait de mon Mémoire sur l'avantage du banquier au jeu de 30 et 40. Tome XIII, page 173.

5. Extrait de mon second Mémoire sur la distribution de la chaleur dans les corps solides. T. XIX, page 337.

6. Extrait d'un Mémoire sur la propagation du mouvement dans les fluides élastiques (ce Mémoire a été fondu dans un autre sur le mouvement de deux fluides superposés). Tome XXII, page 250.

7. Extrait d'une lettre à M. Fresnel. Tome XXII, page 270.

8. Sur le phénomène des anneaux colorés. T. XXII, page 337.

9. Sur la vitesse du son (déjà cité). Tome XXIII, page 5.

10. Sur la chaleur des gaz et des vapeurs. Tome XXIII, page 329.

11. Addition au Mémoire précédent Tome XXIII, page 407.

12. Extrait de mon premier Mémoire sur la théorie du magnétisme. Tome XXV, page 113.

13. Note relative au Mémoire précédent. Tome XXV, page 225.

14. Sur la chaleur rayonnante. Tome XXVI, page 225.

15. Note relative au Mémoire précédent Tome XXVI, page 442.

16. Observations relatives à un Mémoire de M. Ivory, sur l'équilibre d'une masse fluide. Tome XXVII, page 225.

17. Extrait de mon second Mémoire sur la théorie du magnétisme. Tome XXVIII, page 5.

18. Discussion relative à la chaleur rayonnante. T. XXIII, p. 37.

19. Préambule de la solution d'un problème sur le magnétisme terrestre, avec une note de M. Arago. Tome XXXII, page 257.

20. Extrait de mon Mémoire sur la théorie du magnétisme en mouvement Tome XXXII, page 225.

21. Addition à l'article précédent Tome XXXII, page 306.

22. Note sur des effets qui peuvent être produits par la capillarité et les affinités des substances hétérogènes. Tome XXX, page 98.

23. Note sur les vibrations des corps sonores (déjà citée). Tome XXXVI, page 384.

24. Note sur l'extension des fils et des plaques élastiques. T. XXXVI, p. 384.

25. Préambule et Extrait de mon Mémoire sur l'équilibre et le mouvement des corps élastiques. Tome XXXVII, page 337.

26. Réponse à une note de M. Navier sur l'article précédent Tome XXXVIII, page 433.

27. Lettre de M. Poisson à M. Arago, en réponse à une seconde note de M. Navier. Tome XXXIX, page 204.

28. Extrait de mon Mémoire sur l'équilibre des fluides. T. XXXIX, p. 377.

29. Extrait de mon Mémoire sur la proportion des naissances des filles et des garçons. Tome XL, page 59.

30. Extrait de mon Mémoire sur l'équilibre et le mouvement des corps solides élastiques et des fluides. Tome XLII, page 146.

31. Préambule de mon Mémoire sur la propagation du mouvement dans les milieux élastiques. Tome XLIV, page 123.

32. Note sur la compression d'une sphère. T. XXXVIII, p. 350

33. Préambule de ma théorie de l'action capillaire (déjà cité). Tome XLVI, page 61.

34. Préambule de mon Mémoire sur les mouvements simultanés d'un pendule et de l'air environnant (déjà cité). T. XLVII, p. 242.

IX. *Articles divers.*

1. Application du théorème de Taylor au développement des fonctions (déjà cité). Leçons d'analyse de M. Garnier.

2. Mémoire sur les pierres tombées du ciel ; ouvrage de M. *** sur ce sujet.

3. Article de l'édition de Lacaille par des élèves de l'École polytechnique (selon M. Hachette).

4. Rapport sur les développements de géométrie analytique de M. Dupin. En tête de cet ouvrage.

5. Rapport verbal sur la prétendue résolution des équations algébriques de Wronski (il a été, je crois, imprimé dans le *Moniteur*).

6. Rapport sur un Mémoire de M. Binet relatif à un système de formules analytiques, et à leur application à des questions de géométrie. *Moniteur*.

7. Solution d'un problème de fortification. Ouvrage de M. Gay-Vernon.

8. Rapport sur un Mémoire de M. Cauchy, relatif au calcul des fonctions symétriques. *Moniteur*.

9. Rapport sur un Mémoire de M. Binet, relatif au développement de la fonction d'où dépend le calcul des perturbations planétaires. *Moniteur*.

10. Rapport sur un Mémoire de M. Cauchy, relatif à la détermination du nombre des racines réelles des équations. *Moniteur*.

11. Discours prononcé à la distribution des prix du collège de Henri IV. 1820.

12. Discours prononcé à la séance des quatre Académies de 1827.

13. Discours prononcé aux obsèques de M. Laplace. Déjà cité.

14. Discours prononcé aux funérailles de M. Legendre. Déjà cité.

15. Note sur les effets qui peuvent être produits par la capillarité et les affinités de substances hétérogènes. Déjà cité. *Journal de M. Magendie.*

16. Lettre au rédacteur du journal le Lycée.

17. Sur une propriété des lignes de plus grande pente. Traité de topographie de M. Puissant, page 371.

18. Rapport sur un Mémoire de M. Coriolis, relatif au principe des forces vives dans les mouvements relatifs des machines. *Journal l'Institut.*

19. Rapport sur un Mémoire de M. Lamé, relatif aux surfaces isothermes. *Journal l'Institut.*

20. Préambule de mon Mémoire sur l'attraction d'un ellipsoïde homogène. *Journal l'Institut.*

21. Extrait de mon premier Mémoire sur la distribution de la chaleur dans les corps solides. *Journal de physique.*

22. Note sur un article de la Mécanique analytique. Addition à cette note. *Journal de M. Schuhmacher.*

23. Lettre à l'auteur de ce journal sur les oscillations du pendule dans l'air (je ne suis pas bien sûr qu'elle ait été imprimée).

24. Observations sur le rapport des naissances des deux sexes. *Annuaire du Bureau des longitudes.*

25. Note sur une formule relative à l'attraction des sphéroïdes. *Philosophical magazine.* Juin 1827.

26. Discours prononcé aux funérailles de M. Hachette.

27. Préambule de ma théorie mathématique de la chaleur. *Journal l'Institut.*

28. Lettre au rédacteur du Journal des Débats. 28 mai 1834.

29. Note sur la précession des équinoxes. *Journal l'Institut.*

30. Note sur le mouvement de rotation des corps solides. *Journal l'institut.*

31. Analyse de mon Mémoire sur le mouvement de rotation des corps solides. *Journal l'Institut.*

32. Préambule d'une note relative à l'attraction d'un ellipsoïde hétérogène, et à l'équilibre d'un fluide homogène. *Journal l'Institut*, 26 novembre 1834.

33. Programme des cours de calcul des probabilités à la Faculté des sciences pour 1836-37.

34. Sujet du prix de l'Académie proposé pour 1838. Imprimé dans le compte-rendu de la séance du 22 août 1837.

X. *Ouvrages séparés.*

1. Leçons de mécanique. 1 vol. in-4°.

2. Traité de mécanique. Première édition. 2 vol. in-8°.

3. Seconde édition de la Figure de la terre de Clairaut.

4. Formules relatives aux effets du tir du canon sur les différentes parties de son affût, et règles pour calculer la grandeur et la durée du recul. Opuscule in-8°.
Seconde édition, avec des notes de M Piobert.

5. Nouvelle théorie de l'action capillaire. 1 vol. in-4°.

6. Traité de mécanique. Deuxième édition. 2 vol. in-8°.

7. Théorie mathématique de la chaleur. 1 vol. in-4°.

8. Mémoire sur les températures de la partie solide du globe, de l'atmosphère et du lieu de l'espace où la terre se trouve actuellement, avec des notes qui ne sont pas dans le compte-rendu. Le Mémoire ci-dessus forme un supplément à l'ouvrage intitulé : Théorie mathématique de la chaleur.

9. Recherches sur la probabilité des jugements en matière criminelle et en matière civile. 1 vol. in-4°. Il a été tiré des exemplaires à part de l'introduction, différente du préambule inséré dans le n° 20 des comptes-rendus de 1835.

10. Théorie mathématique de la chaleur. Opuscule in-4°.

11. Recherches sur le mouvement des projectiles. 1 vol. in-4°, comprenant les trois Mémoires insérés dans les 26e et 27e cahiers de l'École polytechnique.

XI. *Mémoires de la première classe de l'Institut.*

1. Mémoire sur la distribution de l'électricité à la surface des corps conducteurs. Année 1811. Première partie.

2. Second Mémoire sur le même sujet. Année 1811. Deuxième partie.

3. Mémoire sur les surfaces élastiques. Année 1812. Deuxième partie.

XII. *Mémoires de l'Académie des sciences.*

1. Mémoire sur la variation des constantes arbitraires dans les questions de mécanique. Tome 1er.

2. Mémoire sur la théorie des ondes. Tome 1er.

3. Mémoire sur l'intégration des quelques équations linéaires aux différences partielles. Tome II.

4. Mémoire sur le mouvement des fluides dans des tuyaux cylindriques et sur la théorie des instruments à vent. Tome II.

5. Mémoire sur la théorie du magnétisme. Tome V. — Second Mémoire sur le même sujet. Tome V.

6. Mémoire sur la théorie du magnétisme en mouvement. Tome VI.

7. Mémoire sur le calcul numérique des intégrales définies. T. VI.

8. Mémoire sur le mouvement de la terre autour de son centre de gravité. Tome VII.

9. Mémoire sur l'équilibre et le mouvement des corps solides élastiques. Tome VIII.

10. Addition à ce Mémoire. Tome VIII.

11. Note sur le problème des ondes. Tome VIII.

12. Mémoire sur l'équilibre des fluides. Tome IX.

13. Note sur les racines des équations transcendantes. Tome IX.

14. Mémoire sur la proportion des naissances des filles et des garçons. Tome IX.

15. Note relative au Mémoire sur le mouvement de la terre autour de son centre de gravité (ci-dessus cité). Tome IX.

16. Rapport sur l'ouvrage de M. Jacobi, avec quatre notes à la suite. Tome IX.

17. Mémoire sur le mouvement de deux fluides élastiques superposés. Tome X.

18. Mémoire pour la propagation du mouvement dans les milieux élastiques. Tome X.

19. Mémoire sur le mouvement d'un pendule et de l'air environnant. Tome XI (déjà cité).

20. Addition au Mémoire précédent. Tome XI.

21. Mémoire sur le calcul des variations. Tome XII.

22. Mémoire sur le mouvement de la lune autour de la terre. Tome XIII.

23. Mémoire sur l'attraction d'un ellipsoïde homogène. Tome XIII.

24. Note relative au Mémoire de M. Lamé sur les surfaces isothermes. Savants étrangers. Tome V. Réimprimé dans le n° 1837, du *Journal de Liouville.*

25. Mémoire sur le mouvement d'un corps solide. Tome XIV. Un des exemplaires à part a été présenté à l'Académie.

26. Mémoire sur les déviations de la boussole produites par le fer des vaisseaux. Tome XVI.

XIII *Moniteur (Discours écrits).*

1. Sur le remboursement des rentes. 24 juin 1828.

2. Rapport sur l'enseignement des mathématiques. 5 oct. 1838.

XIV. *Suite relative aux Annales de chimie et de physique.*

1. Extrait détaillé de ma théorie mathématique de la chaleur. Mai 1833.

2. Mon Mémoire sur les températures de la terre, etc., avec la première note de cet opuscule (avril 1837), et une note de M. Arago.

3. Extrait de mon Mémoire sur les déviations de l'aiguille aimantée. Septembre 1838.

XV. *Journal de M. Liouville.*

1. Note sur un passage de la seconde partie de la *Théorie des fonctions*. Avril 1837.

2. Addition à cette note. Mai 1837.

3. Remarques sur l'intégration des équations différentielles de la dynamique. Septembre 1837.

4. Remarques sur les intégrales des fonctions rationnelles. Juin 1837.

5. Solution d'un problème de probabilité. Septembre 1837.

6. Note sur un passage de la *Mécanique céleste*. Août 1837.

7. Note sur les limites de la série de Taylor. Janvier 1838.

8. Note sur l'intégration des équations linéaires aux différences partielles. Décembre 1838.

XVI. *Mémorial de l'artillerie.*

1. Formules de probabilités relatives au résultat moyen des observations qui peuvent être utiles dans l'artillerie. N° 111.

2. Sur la probabilité du tir à la cible. V à.

XVII. *Comptes-rendus hebdomadaires des séances de l'Académie.*

1. Note sur les inégalités diurnes et annuelles de la température de la terre, correspondantes à celles de la chaleur solaire. N° 2, 1835.

2. Quelques mots sur la comète de Halley. N° 6, 1835.

3. Sur la variation dans le mouvement de la lune. N° 10, 1836. — Note sur la loi des grands nombres. N° 15, 1836.

4. Note sur le calcul des probabilités. N° 16, 1836.

5. Rapport sur une note de M. Liouville, relative au calcul des perturbations des planètes. N° 16, 1839.

6. Formules relatives aux probabilités qui dépendent de grands nombres. N° 26, 1836.

7. Préambule de mon ouvrage sur la probabilité des jugements. N° 20, 1835. Il en a été tiré des exemplaires à part.

8. Mémoire sur les températures de la partie solide du globe, de l'atmosphère, et du lieu de l'espace où la terre se trouve actuellement N° 5, 1837. Erratum dans le n° suivant

9. Note sur les inégalités du mouvement de la lune autour de la terre. N° 10, 1837.

10. Remarques sur l'invariabilité des grands axes des orbites, dans le mouvement des planètes en général, et dans le mouvement de la lune en particulier. N° 14, 1837.

11. Présentation de la note sur la *Théorie des fonctions*, insérée dans le Journal de M. Liouville du mois d'avril. N° 15, 1837.

12. Présentation du supplément à l'ouvrage intitulé : *Théorie mathématique de la chaleur*. N° 16, 1837.

13. Remarques sur un article du dernier numéro du Journal de M. Crelle. N° 16, 1837.

14. Préambule des remarques sur l'intégration des équations différentielles de la dynamique. N° 18, 1837.

15. Présentation de mes recherches sur la probabilité des jugements. N° 7, 1837.

16. Note sur la proportion des condamnations prononcées par le jury. N° 10, 1837.

17. Addition à cette note. N° 13, 1837.

18. Extrait de la première partie d'un Mémoire sur le mouvement des projectiles dans l'air, en ayant égard à leur rotation et à l'influence du mouvement diurne de la terra N° 19, 1837.

19. Extrait de la deuxième partie de ce Mémoire. N° 9, 1838.

20. Extrait de mon Mémoire sur les déviations de la boussole, produites par le fer des vaisseaux. N° 23, 1838.

21. Remarques à l'occasion d'un rapport relatif à l'attraction des ellipsoïdes. N « 25, 1838.

22. Addition à ces remarques. N° 1, 2e semestre, 1838.

23. Note sur une propriété générale des formules relatives aux attractions des sphéroïdes. N° 1, 1838.

24. Note relative au compte-rendu de la séance du 15 avril 1839. N° 16, 1839.

25. Préambule de mon Mémoire sur l'équilibre et le mouvement des corps cristallisés. N° 8, 1839.

MÉMOIRES POSTHUMES.

1. Mémoire sur l'équilibre et le mouvement des corps cristallisés. Mémoire de l'Académie. Tome VIII, page 623.

2. Mémoire sur les apparences des corps lumineux en repos ou en mouvement.

(Ce Mémoire a été trouvé dans les papiers de M. Poisson, et adressé à l'Académie par son fils ainé, M. Charles Poisson, officier d'artillerie.)

APPENDICE

DISCOURS PRONONCÉ AUX FUNÉRAILLES DE POISSON,
le jeudi 30 avril 1840.

Messieurs, hier encore, une des plus éclatantes lumières de l'Académie, un de ces hommes rares dont les noms sortent de toutes les bouches, quand les nations se disputent la prééminence intellectuelle ; aujourd'hui, des restes inanimés ; une bière que la fosse a déjà engloutie, et qui va disparaître à jamais sous quelques pelletées de terre !... Non, non ! repoussons ces décourageantes idées, ces tristes rapprochements : le génie ne meurt pas ainsi ; il se survit dans ses œuvres ; les découvertes dont il a enrichi la science doivent porter son nom jusqu'à nos derniers neveux. Loin de moi la pensée de mêler en ce moment à vos profonds regrets, à vos larmes, une analyse minutieuse de la vie scientifique de Poisson : vie si courte, selon le nombre des années ; si longue, au contraire, si féconde, pour qui considère l'étendue et l'importance des travaux auxquels elle a suffi. Je citerai seulement quelques dates, je recueillerai quelques souvenirs : ce seront les jalons de la biographie détaillée que le secrétaire de l'Académie consacrera bientôt à son illustre confrère.

Poisson naquit à Pithiviers, en 1781, d'un père qui, comme simple soldat, dans la guerre du Hanovre, avait courageusement versé son sang pour la France. Aux yeux de la raison, c'est là, Messieurs, une noble origine.

Dans nos habitudes mesquines, parcimonieuses en matière d'enseignement public, l'envoi régulier que faisait la Convention, à tous les administrateurs de districts, des leçons sténographiées de l'École normale, nous semble une véritable prodigalité. Ce furent cependant ces cahiers qui éveillèrent le génie mathématique dont nous déplorons la perte ; qui déterminèrent la famille de Poisson à l'envoyer à l'École centrale de Fontainebleau, où ses progrès excitèrent l'étonnement des professeurs et des élèves. À peine arrivé à l'âge de seize ans, Poisson se présenta au concours pour l'École polytechnique, et fut reçu hors ligne. Les chefs de cet établissement célèbre virent du premier coup d'œil, à travers une écorce encore quelque peu campagnarde, tout ce que la science devait attendre du jeune élève ; ils pensèrent avec raison que les règlements ne sont pas faits pour ces cas exceptionnels et rares ; ils affranchirent Poisson des pénibles exercices graphiques impérieusement exigés de tous ceux qui doivent suivre la carrière des travaux publics, et lui donnèrent ainsi le moyen de se livrer sans partage à ses études favorites. Bientôt l'élève à la complexion faible, à la petite taille, aux manières enfantines, trouva une démonstration simple, concise, élégante, d'un important théorème d'algèbre relatif à l'élimination, sur lequel l'analyse n'avait encore produit qu'un volume énorme et presque illisible. C'était le premier et brillant anneau de la longue série de Mémoires qui devaient donner à Poisson un rang si distingué parmi les célébrités de notre âge.

Laplace voulut connaître un géomètre qui débutait ainsi. Quelques minutes d'entretien accrurent encore la haute opinion que la lecture du Mémoire sur l'élimination lui avait déjà inspirée. Ses espérances, l'auteur de la *Mécanique céleste* les caractérisa sur-le-champ d'une manière à la fois énergique et familière, par ces paroles proverbiales du fabuliste :

> Petit poisson deviendra grand
> Pourvu que Dieu lui prête vie.

Me serais-je trompé, Messieurs, en pensant qu'une anecdote qui me permettait de réunir, de grouper en un seul faisceau les noms de trois illustrations nationales : les noms de La Fontaine, de Laplace, de Poisson, pouvait être rappelée ici, malgré son apparente frivolité ?

Lagrange, Laplace, Monge, Berthollet aplanirent à l'envi les obstacles qu'un jeune homme isolé rencontre toujours devant lui au début de sa carrière. Peu de mois suffirent à Poisson pour passer de la banquette de l'élève à la chaire du professeur. Là aussi, il montra toute sa supériorité.

À cette époque, on croyait encore dans notre France que les intelligences supérieures sont la force, la richesse, l'honneur des nations civilisées. Dès qu'elles commençaient à poindre, chacun les cultivait avec un soin tout paternel ; chacun leur prodiguait ses vœux, ses encouragements ; on les entourait d'une triple barrière de bienveillance, à travers laquelle la jalousie au souffle empoisonné aurait vainement tenté de se frayer un passage. Ce retour vers des mœurs, des habitudes si éloignées de celles de notre temps, explique comment Poisson se trouva bientôt répandu dans tous les salons de la capitale ; comment le jeune géomètre passait tour à tour des réunions sérieuses des Cabanis, des Tracy, des Lafayette, dans le tourbillon plus mondain, plus gai, peut-être tout aussi instructif, dont plusieurs artistes célèbres, les Gérard, les Talma, étaient en quelque sorte les pivots.

Un esprit naïf et fin, allié à la faculté d'envisager les questions les plus rebattues sous des aspects nouveaux, de pénétrer dans l'essence même des choses, de ne jamais se laisser fasciner par l'éclat trompeur des surfaces, firent de Poisson un des vrais ornements de la société parisienne. J'ai hâte de dire que ces succès éphémères ne l'éblouirent pas. Il y a trente-six ans de cela, pardonnez moi, Messieurs, un souvenir personnel et doux, lorsque, après s'être dérobé aux séductions du grand monde, Poisson rentrait dans l'enceinte silencieuse de l'École polytechnique, il avait souvent la bonté de frapper à la porte de la modeste cellule où, à côté de son appartement, un élève, très-jeune aussi, se préparait par des méditations nocturnes aux travaux du lendemain.

Il ne manquait jamais alors de dénombrer avec regret les heures, les minutes, que la société venait d'enlever à ses savantes recherches. Au reste, c'était une dette sacrée qu'il s'empressait d'acquitter aux dépens de son sommeil. Aussi, moi, confident et témoin de ces premières impressions de jeunesse, n'ai-je été nullement surpris en voyant plus tard notre illustre confrère se replier sur lui-même, s'isoler peu à peu de ce qu'on est convenu d'appeler le monde, circonscrire ses relations dans le cercle resserré d'une famille peu nombreuse et de quelques amis ; s'imposer enfin une vie de bénédictin. Je me trompe ; l'assimilation que je viens de faire manque de justesse. Les religieux de l'ordre de saint Benoît étaient sans doute d'infatigables explorateurs des vieilles archives, des vieilles chartes, des vieux documents de notre histoire ; mais les ouvrages qu'ils ont produits, malgré le savoir qu'on y remarque, malgré leur incontestable utilité, ne sortent pas du cadre des compilations.

Au contraire, l'invention brille à chaque pas dans les immenses travaux de Poisson sur les questions les plus subtiles, les plus relevées des mathématiques pures ; sur les applications du calcul aux mouvements des corps célestes, sur les phénomènes si complexes de la physique corpusculaire. On a dit que l'analyse mathématique était un instrument. La comparaison peut être admise, pourvu qu'on accorde en même temps que cet instrument, comme le Protée de la Fable, doit sans cesse changer de forme. L'art des transformations analytiques, aucun géomètre ne le posséda jamais à un plus haut degré que Poisson. Lorsque ses formules ne renversent pas la difficulté du premier coup et par une attaque directe, elles la contournent, l'étreignent, la sondent sur tous les points. Il est rare qu'elles ne pénètrent pas ainsi au cœur même de la question d'une manière également rapide et imprévue. Les Mémoires de Poisson sont pleins de ces artifices analytiques. Les géomètres y trouveront des solutions toutes préparées d'une multitude de problèmes que le progrès des sciences fait naître chaque jour. Plusieurs des solutions que notre confrère a données lui-même, qu'il a développées et suivies dans toutes leurs ramifications, serviront d'ailleurs de modèle. Comment pourrais-je oublier de citer ici en première ligne deux admirables Mémoires sur la distribution de l'électricité en repos à la surface des corps ! Aucune science n'a marché plus rapidement que celle de l'électricité. Elle naquit vers le milieu du XVIIIe siècle. Gray en Angleterre, Dufay en France, découvrirent les premiers phénomènes de quelque importance ; Kleist, Cunéus, Musschenbroeck aperçurent les étonnants effets de la bouteille de Leyde ; Franklin en donna une explication plausible et inventa les paratonnerres ; Coulomb, muni d'un instrument nouveau, fit des mesures d'une précision extrême, là où des mesures grossières n'étaient pas même tentées ; Poisson enfin lia tous les résultats isolés à une cause unique ; il les enchaîna par des formules analytiques générales. C'est en arrivant à ce point qu'une science est complète. N'apercevez-vous pas, Messieurs, le rang éminent que notre confrère occupe dans cette pléiade d'hommes célèbres ?

Lorsque naquit, pour le calcul des perturbations planétaires, la méthode féconde de la variation des constantes, le nom de Poisson se trouva glorieusement mêlé aux noms de Lagrange, de Laplace.

Un des plus beaux problèmes que les hommes se soient jamais proposés, mit de nouveau les trois vigoureux jouteurs en présence. Cette fois, l'avantage resta incontestablement à Poisson. Il s'agissait (de pareilles questions conservent toute leur grandeur, même sur le bord d'une tombe), il s'agissait de savoir si notre système solaire présente des conditions réelles de stabilité, de durée. Newton croyait à la nécessité d'une main réparatrice qui, de temps à autre, allait arrêter le désordre et le circonscrivait dans d'étroites limites. Laplace reconnut, lui, le premier, que, par la nature même des forces, l'élément principal de chaque orbite, le grand axe est invariable ; que, dès lors, ni les grosses ni les petites planètes, ni le colossal Jupiter, ni notre terre aux dimensions si modestes, n'iront s'abîmer dans la matière enflammée du soleil. La même conséquence surgit, avec une évidence nouvelle, de l'analyse plus élégante, plus complète de Lagrange. Poisson, enfin, franchit les limites d'approximation au delà desquelles ses deux illustres prédécesseurs n'avaient pas cru les calculs exécutables. Il ajouta ainsi de nouveaux millions d'années à l'immense durée que les précédents travaux de Laplace, de Lagrange, avaient déjà assignée à notre monde solaire.

S'il en était besoin, le magnifique Mémoire sur l'invariabilité des grands axes, prouverait que Poisson avait un intérêt personnel à porter ses regards, ses pensées, sur des siècles si éloignés.

Je m'arrête, quoique j'aie à peine effleuré le texte riche, brillant, varié, que les travaux de Poisson offriront à ses biographes. Le célèbre géomètre anglais Cotes, n'était encore connu quand il mourut fort jeune, que par la découverte d'un seul théorème d'analyse. En apprenant cette perte prématurée, Newton s'écria : « Si Cotes eût vécu, nous saurions quelque chose. » Et nous, Messieurs, à qui Poisson avait déjà tant appris ; nous, témoins de son infatigable ardeur pour le travail, de son incroyable fécondité, nous serait-il interdit d'exhaler aussi la profonde douleur que nous éprouvons, en songeant aux vingt, aux trente beaux Mémoires dont les sciences mathématiques se fussent encore enrichies, si notre confrère eût vécu ce que vivent ordinairement les académiciens.

A-t-on assez remarqué quels hommes la mort frappe ainsi avant le temps au milieu de nous ? Un jour c'est Malus, le lendemain Fresnel ; puis, coup sur coup, Fourier, Cuvier, Ampère, Dulong, Poisson. Par l'éclat même des noms qu'elle renferme, cette liste funéraire soulève des doutes cruels. On se demande si, malgré toute sa fécondité, la France réparera de telles pertes aussi vite que nous les faisons ; si nous aurons le malheur de voir l'Académie descendre du haut rang qu'elle occupe ; s'il est des moyens d'échapper à ces tristes présages ; si nous parviendrons à conserver intacte la prééminence scientifique qui a été mise en dépôt dans nos mains.

Poisson a répondu d'avance à tout ce qui, dans ces doutes, dans ces questions, est au pouvoir des hommes. Il nous dit du fond de sa tombe, comme de son vivant il le disait par ses actes, de mettre le titre d'académicien bien au-dessus de ceux dont nous pouvons être investis par la faveur populaire ou par la faveur non moins fragile de l'autorité ; de ne point considérer ce titre comme un vain honneur ; de nous rappeler le vieux dicton de nos pères : *Noblesse oblige* ; de bien remarquer que, dans un siècle d'efforts, de progrès incessants, universels, celui qui s'arrête un seul jour est dépassé ; d'inculquer ces maximes à la jeunesse studieuse par notre constant exemple. Voilà, Messieurs, voilà ce que nous dit celui qui consacra sa dernière heure, son dernier regard, la dernière pulsation de son cœur, à l'accomplissement des devoirs d'académicien. C'est ainsi, et seulement ainsi, que, dans la carrière des sciences, on acquiert des titres durables à l'estime, au respect, à l'admiration des contemporains et de la postérité. Permettez-moi d'ajouter (une telle pensée me semble pouvoir adoucir vos regrets), c'est ainsi qu'on parvient à illustrer sa vie sans la troubler.

FIN DU TOME DEUXIEME